西国三十三所 札所めぐり

観音巡礼 ルートガイド 改訂版

関西札所めぐりの会著

メイツ出版

※本書は2016年発行の『西国三十三所札所めぐり　観音巡礼ルートガイド』を元に情報更新を行い、改訂版として新たに発行したものです。

目次

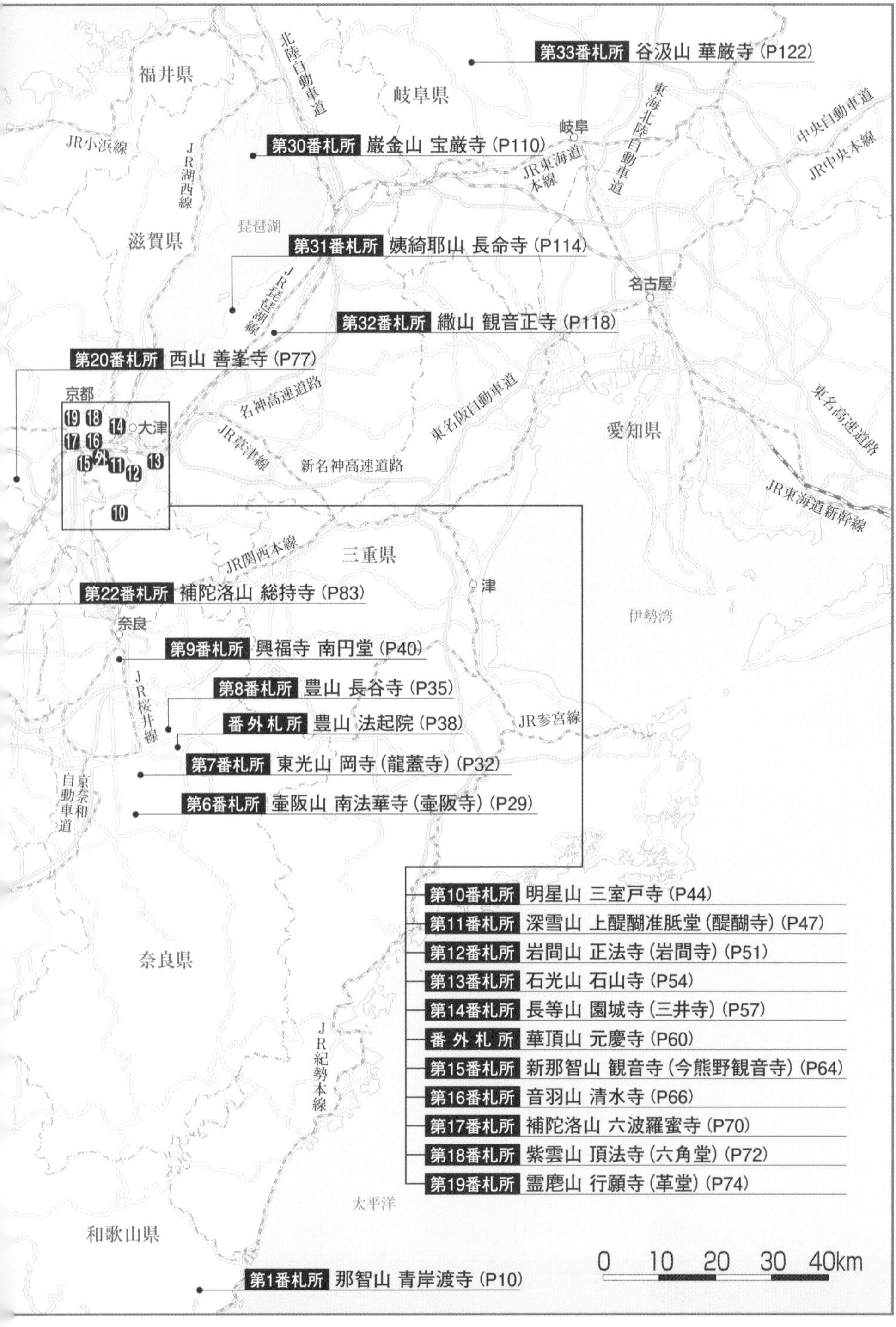
第33番札所 谷汲山 華厳寺 (P122)
福井県
北陸自動車道
岐阜県
岐阜
東海北陸自動車道
中央自動車道
JR中央本線
JR小浜線
JR湖西線
第30番札所 巌金山 宝厳寺 (P110)
JR東海道本線
琵琶湖
滋賀県
第31番札所 姨綺耶山 長命寺 (P114)
JR琵琶湖線
名古屋
第32番札所 繖山 観音正寺 (P118)
第20番札所 西山 善峯寺 (P77)
京都
名神高速道路
東名阪自動車道
東名高速道路
19
18
14
大津
17
16
外
15
11
12
13
10
愛知県
JR草津線
新名神高速道路
JR東海道新幹線
JR関西本線
三重県
津
第22番札所 補陀洛山 総持寺 (P83)
奈良
伊勢湾
第9番札所 興福寺 南円堂 (P40)
JR桜井線
第8番札所 豊山 長谷寺 (P35)
番外札所 豊山 法起院 (P38)
JR参宮線
第7番札所 東光山 岡寺（龍蓋寺）(P32)
京奈和自動車道
第6番札所 壷阪山 南法華寺（壷阪寺）(P29)
第10番札所 明星山 三室戸寺 (P44)
第11番札所 深雪山 上醍醐准胝堂（醍醐寺）(P47)
第12番札所 岩間山 正法寺（岩間寺）(P51)
第13番札所 石光山 石山寺 (P54)
第14番札所 長等山 園城寺（三井寺）(P57)
番外札所 華頂山 元慶寺 (P60)
第15番札所 新那智山 観音寺（今熊野観音寺）(P64)
第16番札所 音羽山 清水寺 (P66)
第17番札所 補陀洛山 六波羅蜜寺 (P70)
第18番札所 紫雲山 頂法寺（六角堂）(P72)
第19番札所 霊麀山 行願寺（革堂）(P74)
奈良県
JR紀勢本線
太平洋
和歌山県
0 10 20 30 40km
第1番札所 那智山 青岸渡寺 (P10)

西国三十三所
札所広域地図
第28番札所 成相山 成相寺（P104）
第29番札所 青葉山 松尾寺（P107）
第21番札所 菩提山 穴太寺（P80）
第24番札所 紫雲山 中山寺（P89）
番外札所 東光山 花山院菩提寺（P92）
第25番札所 御嶽山 播州清水寺（P94）
第27番札所 書寫山 圓教寺（P100）
第23番札所 応頂山 勝尾寺（P86）
第26番札所 法華山 一乗寺（P97）
第5番札所 紫雲山 葛井寺（P26）
第4番札所 槇尾山 施福寺（槇尾寺）（P23）
第3番札所 風猛山 粉河寺（P20）
第2番札所 紀三井山 金剛宝寺（紀三井寺）（P16）
日本海
若狭湾
鳥取
鳥取県
JR因美線
北近畿豊岡自動車道
JR山陰本線
京都縦貫自動車道
JR舞鶴線
舞鶴若狭自動車道
兵庫県
JR播但線
京都府
岡山県
中国自動車道
JR姫新線
JR津山線
JR加古川線
新名神高速道路
JR山陽本線
山陽自動車道
JR赤穂線
JR山陽新幹線
神戸
大阪
岡山
大阪湾
淡路島
小豆島
大阪府
高松
JR高徳線
和歌山
JR和歌山線
高松自動車道
香川県
徳島自動車道
徳島
徳島県
JR紀勢本線
阪和自動車道

この本の使い方

各札所の宗派、ご本尊、ご詠歌を記載しています。

第2番札所　紀三井山《きみいさん》　金剛宝寺《こんごうほうじ》（紀三井寺《きみいでら》）

ふるさとを　はるばるここに　紀三井寺　花の都も　近くなるらん

◆宗　派　救世観音宗（総本山）　◆ご本尊　十一面観世音菩薩

宝暦9年（1759）建立の本堂

住　　所　和歌山県和歌山市紀三井寺1201
電話番号　073-444-1002
拝観時間　8：00～17：00
納経時間　8：00～17：00
拝 観 料　200円
駐 車 場　30台（麓300円、山上700円）
U R L　http://www.kimiidera.com/
バリアフリー　山上駐車場より本堂まで行くエレベーターあり。境内は車椅子での移動が可能。車椅子用トイレあり。令和4年度春、麓よりケーブル設備予定

アクセス●JR紀勢本線紀三井寺駅より徒歩約10分。南海本線和歌山市駅より和歌山バス海南方面行きで約45分、紀三井寺下車徒歩約10分
車／阪和自動車道和歌山ICより国道24号、県道145号を経由し和歌山市街地方面へ、田中町交差点を左折して国体道路を南へ、県道135号を経由し、紀三井寺交差点を左折する。和歌山ICより約9km。和歌山南スマートICより約5.5km

歳時記

16

関西一の早咲桜の名所
重要文化財の宝庫

寺の創建は古く、奈良時代までさかのぼる。宝亀元年（770）、唐の高僧、為光上人によって開かれた。上人が諸国を巡り、たまたま名草山のふもとに泊ったとき、山の中腹から放たれた光を見て山へ登ると金色に輝く千手観音様と出会った。この地が仏縁深き霊場だと悟り、十一面観世音菩薩像を刻み草庵に安置したのが始まりと伝わる。

正式な寺名は「紀三井山金剛宝寺護国院」だが、山内から湧き出す三つの霊泉から紀三井寺という名で親しまれてきた。参道の石段を上ると右手に清浄水、さらに少し上った所に楊柳水、裏門から200メートルほど北に吉祥水が湧き出ている。

朱塗りの重厚な楼門（重文）をくぐると、そこから石段が続く。231段の急坂は健脚者でも楽ではない。この石段は「厄除け坂」といわれ、女厄33段、男厄42段、還暦厄61段と区切られていて、石段を上ると厄除けのご利益があるとされている。また、豪商・紀ノ国屋文左衛門の結婚のきっかけとなった話にちなみ、「結縁坂」ともいう。

石段を上りきれば、和歌の浦をはじめ、淡路や四国の遠景も望める。本堂は、紀州徳川家の帰依と信徒の寄進により再建されたもの。建物は総ケヤキの入母屋造り本瓦葺きで、正面中央の屋根に千鳥破風、手前に唐破風を付け、彫刻が施されている。

本堂奥の大光明殿に安置される本尊は、50年に一度開扉される秘仏・十一面

国指定重要文化財の楼門

国指定重要文化財の鐘楼

231段の急な石段が続く結縁坂

行き先不明の郵便物の灰を安置する「文塚」

02　紀三井山　金剛宝寺（紀三井寺）

17

各札所の住所、電話番号、拝観時間、納経時間、料金、駐車場、ホームページアドレスのほか、バリアフリー情報とアクセスを記載しています。

各札所のご朱印を掲載しています。

主な年中行事や季節の花などを記載しています。

本書のデータは2021年８月現在のものです。記載している情報や価格は予告なく変更される場合がありますので、事前に詳細をご確認の上おでかけください。

次の札所までの移動ルート地図を掲載し、徒歩、電車・バス、マイカーでの移動アクセスを記載しています。電車・バスは本数が少ない場合がありますので、利用の際は事前にご確認ください。また、季節などにより交通状況が変わる場合がありますので、必ず現地での交通案内に従い、無理のないプランを立てましょう。

伽藍配置を記した境内図を掲載しています。

※歩行時間は、坂道や石段の参道で増減しますが、平地の場合は１分で70～80mが目安です。地図内の５円玉のイラストに半径が75mと記載されている場合、現在地を５円玉の穴に合わせると、硬貨の外周部分まで徒歩で約１分。40mの場合は約30秒かかります。

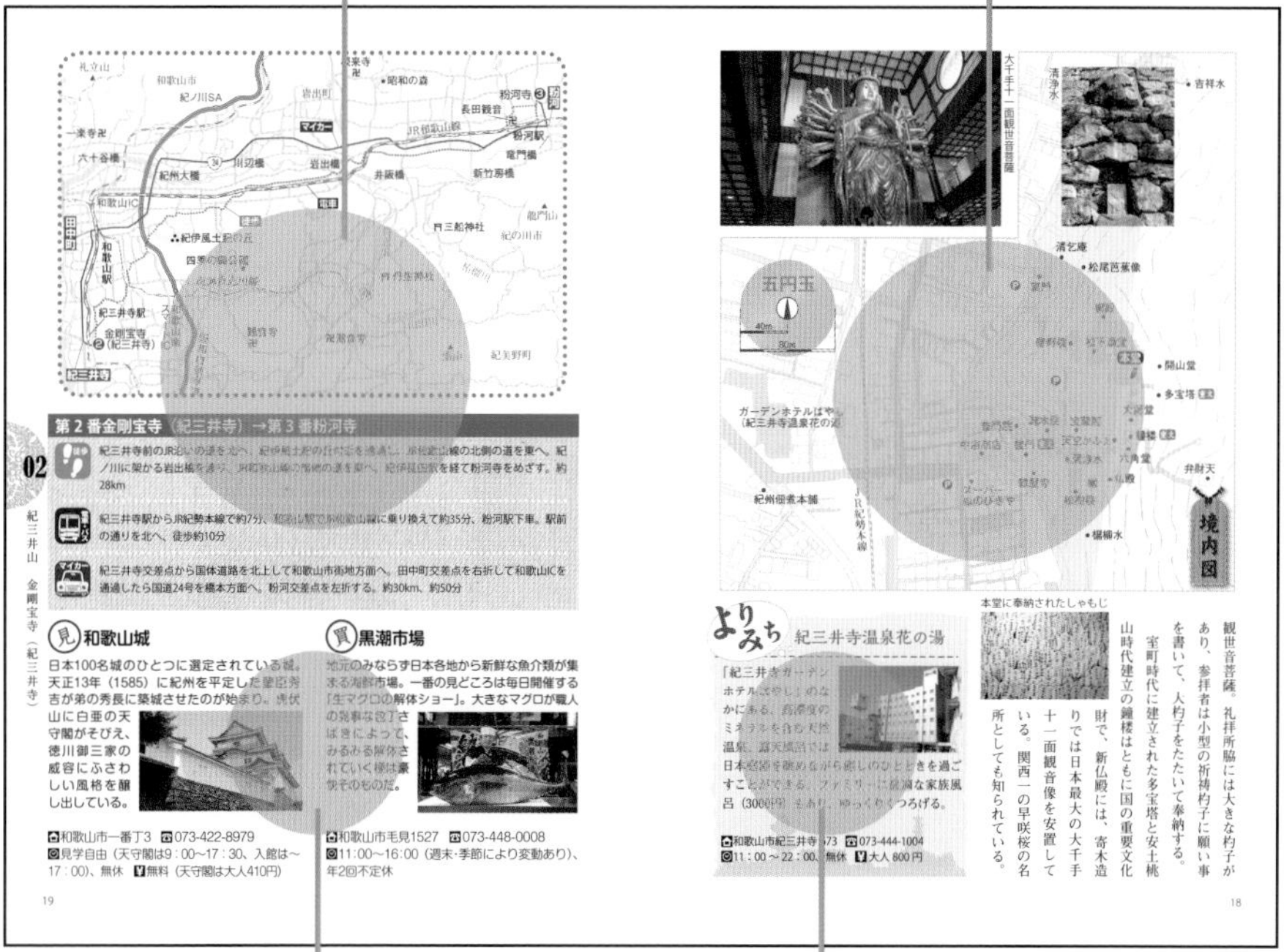

次の札所へ行く途中にある観光スポットやレストラン、売店、入浴施設などを紹介しています。

境内または近隣にある茶店や食事処、みやげ物店、見どころなどを紹介しています。

※よりみちや立ち寄りスポットの定休日は定期休日のみの記載で、お盆や年末年始などは含まれていません。また、新型コロナウイルス感染拡大の影響により、営業日・営業時間の変更、要予約などの対応をしている場合があります。おでかけの際には電話や各施設のSNS等でご確認ください。

西国三十三所　巡礼の心構え

西国三十三所巡礼
歴史と伝承

近畿2府4県と岐阜県に点在する33の観音を巡礼する「西国三十三所観音巡礼」。始祖は大和長谷寺の徳道上人で、養老2年（718）、病により仮死状態になり、夢の中で閻魔大王に出会う。世の中に数多くいる悩み苦しむ人々を救うために三十三所の観音霊場をつくり、人々に巡礼をすすめるようと三十三の宝印を授かった。仮死状態から甦った徳道上人は、閻魔大王から授かった宝印にしたがって三十三の霊場を設け、人々に三十三所巡礼を説いて歩いたが、巡礼は発展しなかった。徳道上人は宝印を摂津中山寺の石櫃に納め、機が熟すのを待った。その後、約270年の時を経て花山法皇によって途絶えていた三十三所巡礼が再興されることとなる。

日本における巡礼は古くからあったとされるが、「西国三十三所観音巡礼」が本格的な巡礼の始まり。『寺門高僧記』には、園城寺の僧・行尊による「観音霊場三十三所巡礼記」が収録されている。この頃は、第一番が長谷寺で第三十三番が三室戸寺となっていたが、三十三の寺院は現行と同じであり、徳道上人や花山法皇にゆかりのある三ヵ寺が番外霊場として加えられ、現在の西国三十三所巡礼となる。その後、伊勢神宮参拝や熊野三山参拝などと結びついて、さらに盛んになった。

巡礼の服装と持ち物

観音霊場である寺院を巡って参拝することが、西国三十三所における巡礼。霊場は札所ともよばれ、これは、かつて巡礼に訪れる人々が本尊の観音菩薩との結縁を願い、氏名などを記した木札を寺院の堂宇に打ち付けたことに由来している。

巡礼の正装は菅笠に白衣をまとった巡礼姿だが、現在の西国三十三所巡礼ではこのような正装で巡る人は少ない。白衣の法被や輪袈裟を身につけ、数珠を手にして参拝するのが一般的である。このほか、経典、ご朱印を受けるための納経帳や掛軸、賽銭用の小銭をはじめ、線香やロウソク、マッチを持参する。寺院周辺や境内は、山道や急な石段などが続く場合も多いので、なるべく身軽にし、歩きやすい靴を選びたい。

巡礼のマナーと手順

①境内に入るときは、山門または仁王門の前で合掌、一礼する。

②境内に入ったら、水場で手を清めて口をすすぎ、柄杓の柄を清めて戻す。

③鐘楼で鐘をつく（自由につける場合のみ。寺院によりつけないこともある）。参拝後は「戻り鐘」になり、縁起がよくないのでつかない。

④本堂では、定められた場所に納札と写経を納める。

⑤ロウソクや線香をあげ、賽銭を納める。

⑥合掌して読経。ご詠歌を唱える。

⑦経堂や大師堂がある場合は、本堂と同じ手順④～⑥で参拝する。

⑧納経所で、納経帳、掛軸、笈摺などにご朱印を受ける。

⑨境内を出るときは、再び山門または仁王門の前で合掌と一礼を忘れずに。

第1番
札所

那智山《なちさん》　青岸渡寺《せいがんとじ》

補陀洛や　岸打つ波は　三熊野の　那智のお山に　ひびく滝津瀬

◆宗　派　天台宗　　◆ご本尊　如意輪観世音菩薩

本堂横の広場から望む三重塔と那智大滝

住　　所	和歌山県東牟婁郡那智勝浦町那智山8
電話番号	0735-55-0001
拝観時間	7：00～16：30
納経時間	7：00～16：30
拝 観 料	なし
駐 車 場	約300台（有料）
バリアフリー	階段を上らずに、瀧見寺前を通る有料道路（800円）を利用すれば、本堂近くまで上ることができる。道幅が狭いので歩行者に注意。駐車場近くに車椅子用トイレあり

アクセス●JR紀勢本線紀伊勝浦駅より熊野交通バス那智山行きで約30分、終点下車。本堂まで徒歩約15分

車／阪和自動車道南紀田辺ICより国道42号、県道261・35号、国道311・168号経由、橋本交差点を右折して国道42号へ。南紀田辺ICより約105km

歳時記

2月節分：節分会／4月第2日曜：開山祭／11月第1日曜：那智七福大黒天神祭

5月：ツツジ／11月下旬～：紅葉

西国霊場の一番札所は世界遺産を誇る名刹

壮大な那智大滝を望む青岸渡寺は、西国三十三所の一番札所。那智山は、熊野の自然信仰と観音信仰、補陀落《ふだらく》信仰が結びつき、古くから日本の霊地として知られてきた。延喜《えんぎ》7年（907）の宇多法皇から熊野御幸が始まり、上皇や法皇が何度も熊野詣を行なった。寺のすぐ横に熊野那智大社があり、熊野本宮大社、熊野速玉大社とともに熊野三山のひとつとして数えられる。もとは神仏習合の修験道場として栄え、明治初期の神仏分離により青岸渡寺と熊野那智大社に分かれた。熊野本宮大社（本宮）と熊野速玉大社（新宮）の仏堂は廃されたものの、熊野那智大社（那智）の如意輪堂は破壊をまぬがれ、青岸渡寺として復興された。

　縁起によると、開基はインドから渡来した裸形《らぎょう》上人であり、那智大滝で修行ののちに滝壺で八寸の観音菩薩を感得し、庵を結んで安置したことが起こりだと伝えられる。推古天皇の頃に生仏《しょうぶつ》上人が如意輪観音像を刻み、裸形上人が感得した観音菩薩を胎内に納めて本堂として如意輪堂が建立された。西国巡礼の中興の祖といわれる花山《かざん》法皇が那智山で修行ののちに西国観音巡礼に出発したことから、青岸渡寺が一番札所となったとされている。

　青岸渡寺へは、ＪＲ紀伊勝浦駅からの路線バスで約30分。終点まで乗ると、参道の下に着く。少し手前の大門坂バス停で降りて、大門坂から歩くのもいい。杉の木に囲まれて苔むした石段は、熊野古道の雰囲気を今に残す。大門坂茶屋や夫婦杉、多富気王子を過ぎて上り坂を歩くとバス終点の那智山停留所。茶店やみや

桃山時代に建てられた入母屋作りの本堂

堂々たる風格の仁王門

裸形上人が修業の末に観音菩薩を感得した那智大滝

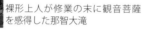

境内図
多富気王子
夫婦杉
大門坂茶屋
大門坂
バス停
杉の木に囲まれた
大門坂石段を上る
五円玉
75m
150m

歓
那智詣
迎
つれもて参道・那智山商店会
参道には土産物店や茶店が並ぶ

山門横にある熊野那智大社の鳥居

げ物店が並ぶ約５００段の石段を上りつめると山門に着く。

那智山の中腹に建つ現在の本堂は天正18年（１５９０）に豊臣秀吉によって再建され、堂内にある日本最大の鰐口も秀吉の寄進によるもの。本堂脇の宝篋印塔《ほうきょういんとう》は鎌倉時代に作られたもので、国の重要文化財に指定されている。本堂内に安置されている本尊の如意輪観世音菩薩は秘仏で、2月節分会、4月開山祭、8月お盆法要の年3回開帳される。

本堂の左手には熊野那智大社の本殿が建ち並び、熊野三山は、「紀伊山地の霊場と参詣道」としてユネスコの世界遺産に登録されている。本堂横の広場からは、落差１３３メートルの那智大滝を望む。本堂北側の参道を下りると、昭和47年（１９７２）に再建された朱塗りの三重塔がある。その背景に那智原始林の間から飛沫をあげて流れ落ちる大滝が見え、那智の象徴ともいえる風景が美しい。

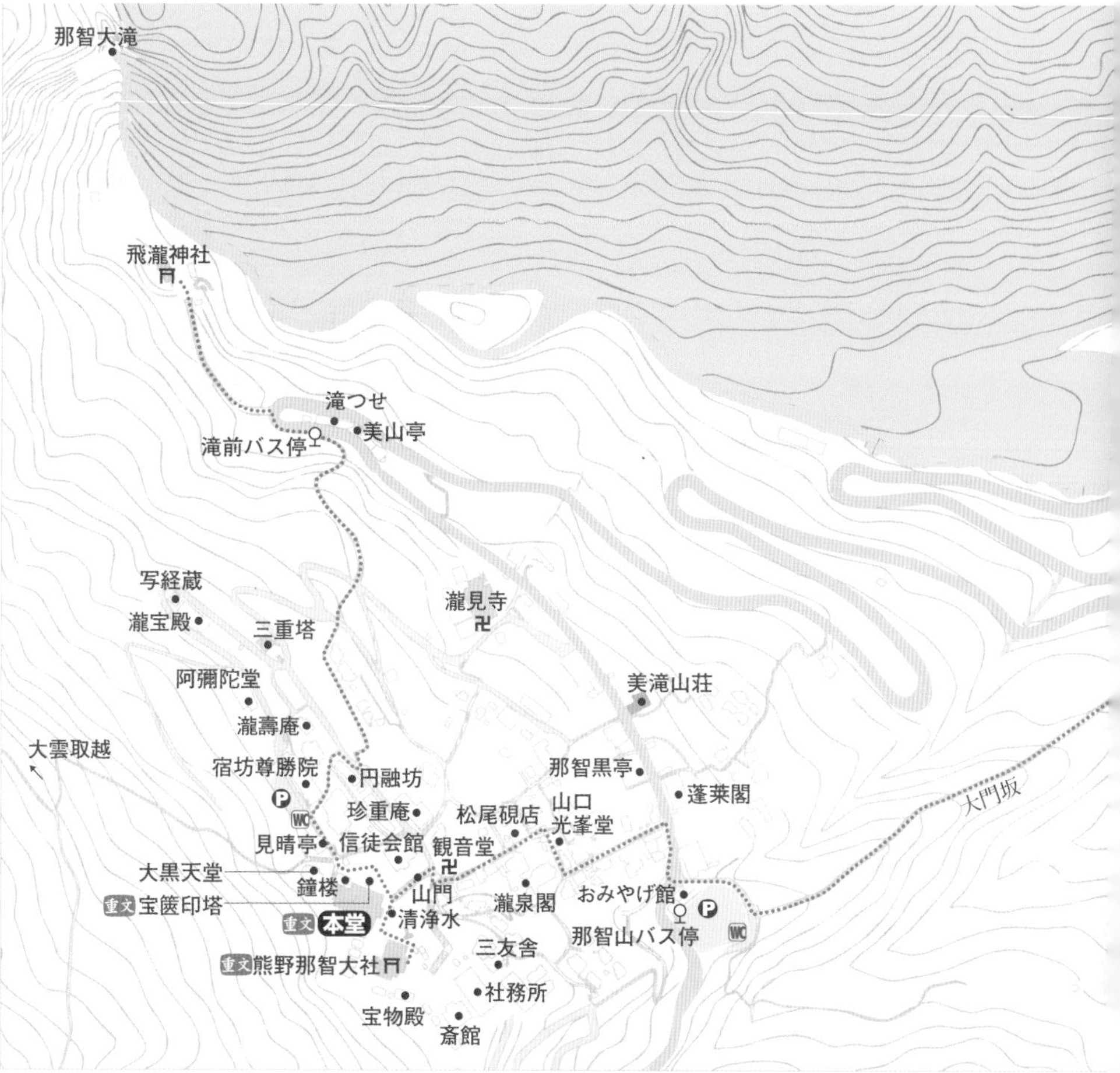
那智大滝
飛瀧神社
滝つせ
美山亭
滝前バス停
写経蔵
瀧宝殿
三重塔
瀧見寺
阿彌陀堂
美滝山荘
瀧壽庵
大雲取越
宿坊尊勝院
円融坊
那智黒亭
蓬莱閣
珍重庵
松尾硯店
山口
光峯堂
大門坂
見晴亭
信徒会館
観音堂
大黒天堂
鐘楼
山門
瀧泉閣
おみやげ館
重文 宝篋印塔
重文 本堂
清浄水
那智山バス停
三友舎
重文 熊野那智大社
社務所
宝物殿
斎館

よりみち　大門坂茶屋

平安衣装の着付け体験ができ、衣装を着けて写真撮影や散策が楽しめる（1時間2000円～）。飲料や雨具のほか、熊野古道のキーホルダーやポストカードなども販売。

東牟婁郡那智勝浦町那智山 392
0735-55-0244　9：00 ～ 16：00、無休

熊野那智大社の本殿

猿谷ダム
八剣山
仏生ヶ岳
荒神山
釈迦ヶ岳
169
奈良県
護摩壇山
伯母子岳
涅槃岳
十津川
神納川
北山川
日高川
鉾尖山
笠捨山
169
371
425
425
168
425
309
十津川
371
169
二津野ダム
371
千丈山
徒歩
168
道の駅
奥熊野古道
ほんぐう
311
野中の
清水
熊野本宮大社
湯峰
マイカー
牛馬童子像
311
川湯
熊野川
道の駅
瀞峡街道
熊野川
311
道の駅
熊野古道中辺路
JR紀勢本線
371
大塔川
熊野速玉大社
清姫の墓
168
道の駅
ふるさとセンター
大塔
熊野川
法師山
大塔山
大雲取岳
橋本
新宮駅
那智大滝
青岸渡寺 1
休暇村南紀勝浦
熊野
那智大社
バス
紀伊勝浦駅
勝浦
371
すさみIC
道の駅
イノブータンランド
すさみ
電車
すさみ南IC
周参見駅
古座川
JR紀勢本線
42
串本駅
大島
潮岬

買 道の駅 熊野古道中辺路

国道311号沿いで、熊野古道入口近くにある道の駅。地元名物の草餅や梅干、さんまずし、めはりずし、喫茶コーナーでは梅うどんなどが味わえる。地元語り部による熊野古道中辺路の案内もある（有料・要予約）。

田辺市中辺路町近露2474-1
0739-65-0671　物販施設8:30～17:00、飲食施設9:00～15:00、1/1･2、12～2月の木曜休

湯 熊野川温泉さつき

熊野川本流沿いにあり、紀伊の自然に囲まれてゆったりとお湯を楽しめる。山々を望む露天風呂をはじめ、御影石や檜の風呂があり、日帰り入浴が可能。

新宮市熊野川日足707
0735-44-0193　11：00～21：00（受付は～20：30）、月曜休

紀三井寺駅
❷金剛宝寺（紀三井寺）
紀三井寺
和歌浦湾
海南駅
海南東IC
370
海南IC
42
下津IC
424
生石ヶ峰
480
箕島駅
二川ダム
480
有田IC
藤並駅
有田南IC
吉備湯浅PA
424
湯浅IC
白馬山
広川IC
和歌山県
42
由良川
阪和自動車道
広川南IC
川辺IC
日高川
清冷山
御坊IC
御坊南IC
424
御坊駅
424
切目川
印南IC
道の駅
みなべIC
みなべ
うめ振興館
印南SA
42
南紀田辺IC
下三栖
紀伊田辺駅
田辺湾
白浜
白浜駅
南紀白浜空港
南紀白浜IC
道の駅
志原海岸

第１番青岸渡寺→第２番金剛宝寺（紀三井寺）

徒歩　青岸渡寺からかつての熊野古道であった大雲取越を歩いて、熊野本宮大社を目指す。熊野古道中辺路の案内に従って、紀伊田辺に出る。ここから北に進路を変え、熊野古道紀伊路から海南駅を経て金剛宝寺（紀三井寺）をめざす。約170km

電車・バス　青岸渡寺から参道を下り、滝前バス停から熊野交通バスで約30分、JR那智勝浦駅でJR紀伊本線特急に乗り、海南駅で普通に乗り換えて約180分。紀三井寺駅下車、参道を上る

マイカー　青岸渡寺から県道を下り、那智駅前を左折して国道42号を新宮方面へ。橋本交差点を左折して国道168・311号を田辺方面へ。岩崎交差点を右折して熊野街道を約９km、阪和自動車道南紀田辺ICから約56km、海南IC下車、熊野街道を約６km、紀三井寺交差点を右折して約500m。全行程約170km

第2番札所　紀三井山《きみいさん》　金剛宝寺《こんごうほうじ》（紀三井寺《きみいでら》）

ふるさとを　はるばるここに　紀三井寺　花の都も　近くなるらん

◆宗　派　救世観音宗（総本山）　　◆ご本尊　十一面観世音菩薩

宝暦９年（1759）建立の本堂

住　　所	和歌山県和歌山市紀三井寺1201
電話番号	073-444-1002
拝観時間	8：00〜17：00
納経時間	8：00〜17：00
拝 観 料	200円
駐 車 場	30台（麓300円、山上700円）
U R L	http://www.kimiidera.com/
バリアフリー	山上駐車場より本堂まで行くエレベーターあり。境内は車椅子での移動が可能。車椅子用トイレあり。令和４年度春、麓よりケーブル設置予定

アクセス●JR紀勢本線紀三井寺駅より徒歩約10分。南海本線和歌山市駅より和歌山バス海南方面行きで約45分、紀三井寺下車徒歩約10分

車／阪和自動車道和歌山ICより国道24号、県道145号を経由し和歌山市街地方面へ、田中町交差点を左折して国体道路を南へ、県道135号を経由し、紀三井寺交差点を左折する。和歌山ICより約９km。和歌山南スマートICより約5.5km

歳時記

1月18日：初観音／初午（旧暦）：大投餅／8月9日：千日詣／8月15日：灯籠供養／12月18日：しまい観音

3月末〜：サクラ／11月：紅葉

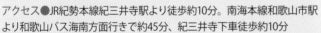

関西一の早咲桜の名所
重要文化財の宝庫

寺の創建は古く、奈良時代までさかのぼる。宝亀元年（770）、唐の高僧、為光上人によって開かれた。上人が諸国を巡り、たまたま名草山のふもとに泊ったとき、山の中腹から放たれた光を見て山へ登ると金色に輝く千手観音様と出会った。この地が仏縁深き霊場だと悟り、十一面観世音菩薩像を刻み草庵に安置したのが始まりと伝わる。

正式な寺名は「紀三井山金剛宝寺護国院」だが、山内から湧き出す三つの霊泉から紀三井寺という名で親しまれてきた。参道の石段を上ると右手に清浄水、さらに少し上った所に楊柳水、裏門から200メートルほど北に吉祥水が湧き出ている。

国指定重要文化財の楼門

231段の急な石段が続く結縁坂

国指定重要文化財の鐘楼

朱塗りの重厚な楼門（重文）をくぐると、そこから石段が続く。231段の急坂は健脚者でも楽ではない。この石段は「厄除け坂」といわれ、女厄33段、男厄42段、還暦厄61段と区切られていて、石段を上ると厄除けのご利益があるとされている。また、豪商・紀ノ国屋文左衛門の結婚のきっかけとなった話にちなみ、「結縁坂」ともいう。

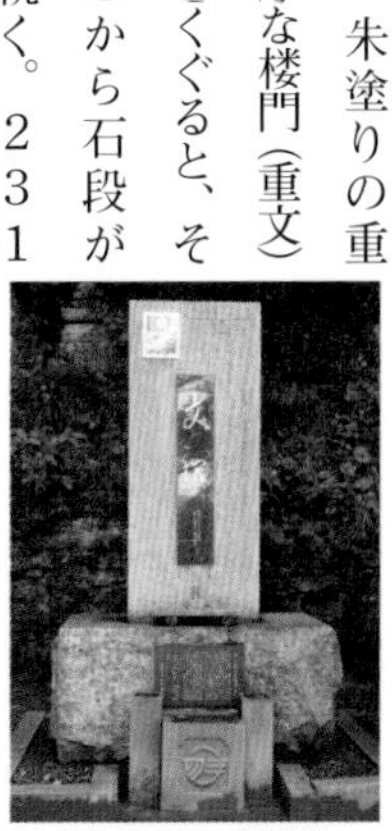
行き先不明の郵便物の灰を安置する「文塚」

石段を上りきれば、和歌の浦をはじめ、淡路や四国の遠景も望める。本堂は、紀州徳川家の帰依と信徒の寄進により再建されたもの。建物は総ケヤキの入母屋造り本瓦葺きで、正面中央の屋根に千鳥破風、手前に唐破風を付け、彫刻が施されている。

本堂奥の大光明殿に安置される本尊は、50年に一度開扉される秘仏・十一面

大千手十一面観世音菩薩

清浄水

吉祥水
清乞庵
松尾芭蕉像
裏門
御殿
善寿院
松下講堂
本堂
開山堂
多宝塔 重文
大師堂
普門院
瀧本院
宝蔵院
鐘楼 重文
天空かふぇ
中浴商店
楼門 重文
清浄水
六角堂
弁財天
仏殿
WC
スーパー
ぬのびきや
穀屋寺
松樹院
楊柳水
五円玉
40m
80m
ガーデンホテルはやし
（紀三井寺温泉花の湯）
紀州佃煮本舗
JR紀勢本線
境内図

観世音菩薩。礼拝所脇には大きな杓子があり、参拝者は小型の祈祷杓子に願い事を書いて、大杓子をたたいて奉納する。

室町時代に建立された多宝塔と安土桃山時代建立の鐘楼はともに国の重要文化財で、新仏殿には、寄木造りでは日本最大の大千手十一面観音像を安置している。関西一の早咲桜の名所としても知られている。

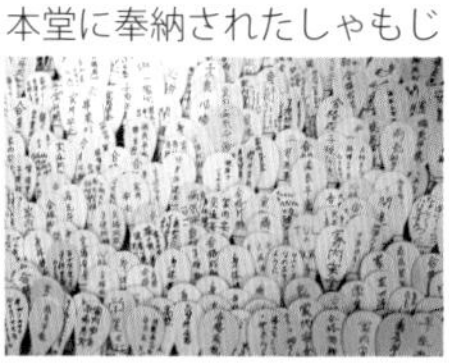

本堂に奉納されたしゃもじ

よりみち　紀三井寺温泉花の湯

「紀三井寺ガーデンホテルはやし」のなかにある、高濃度のミネラルを含む天然温泉。露天風呂では日本庭園を眺めながら癒しのひとときを過ごすことができる。ファミリーに最適な家族風呂（3000円）もあり、ゆっくりくつろげる。

和歌山市紀三井寺 673　073-444-1004
11：00～22：00、無休　大人 800 円

第２番金剛宝寺（紀三井寺）→第３番粉河寺

徒歩

紀三井寺前のJR沿いの道を北へ。紀伊風土記の丘付近を通過し、JR和歌山線の北側の道を東へ。紀ノ川に架かる岩出橋を渡り、JR和歌山線の南側の道を東へ。紀伊長田駅を経て粉河寺をめざす。約28km

電車・バス

紀三井寺駅からJR紀勢本線で約7分、和歌山駅でJR和歌山線に乗り換えて約35分、粉河駅下車。駅前の通りを北へ、徒歩約10分

マイカー

紀三井寺交差点から国体道路を北上して和歌山市街地方面へ。田中町交差点を右折して和歌山ICを通過したら国道24号を橋本方面へ。粉河交差点を左折する。約30km、約50分

見 和歌山城

日本100名城のひとつに選定されている城。天正13年（1585）に紀州を平定した豊臣秀吉が弟の秀長に築城させたのが始まり。虎伏山に白亜の天守閣がそびえ、徳川御三家の威容にふさわしい風格を醸し出している。

🏠和歌山市一番丁3　☎073-422-8979
⏲見学自由（天守閣は9：00～17：30、入館は～17：00）、無休　¥無料（天守閣は大人410円）

買 黒潮市場

地元のみならず日本各地から新鮮な魚介類が集まる海鮮市場。一番の見どころは毎日開催する「生マグロの解体ショー」。大きなマグロが職人の見事な包丁さばきによって、みるみる解体されていく様は豪快そのものだ。

🏠和歌山市毛見1527　☎073-448-0008
⏲11:00～16:00（週末・季節により変動あり）、年2回不定休

第3番
札所

風猛山《ふうもうさん》　粉河寺《こかわでら》

父母の　恵みも深き　粉河寺　ほとけの誓ひ　たのもしの身や

◆宗　派　粉河観音宗（総本山）　◆ご本尊　千手千眼観世音菩薩

国指定名勝「粉河寺庭園」は、独創的な枯山水庭園で桃山時代の作

住　　所	和歌山県紀の川市粉河2787
電話番号	0736-73-4830
拝観時間	8：00～17：00
納経時間	8：00～17：00
拝 観 料	なし（本堂内陣拝観は400円）
駐 車 場	100台（500円）
U　R　L	http://www.kokawadera.org/
バリアフリー	境内は車椅子の移動が可能。 車椅子用トイレなし（洋式あり）

アクセス●JR和歌山線粉河駅より徒歩約15分。JR阪和線熊取駅より和歌山バス粉河行きで約45分、粉河駅下車徒歩約15分
車／京奈和自動車道紀の川東ICより県道122号を南へ。紀の川東ICより約２㎞

歳時記

3月3日：流し雛／初午（旧暦）：採灯大護摩供会／8月9日：施餓鬼会／12月18日：童男会
4月：サクラ／5月：サツキ／11月：紅葉

壮観な名勝・粉河寺庭園
堂塔伽藍と仏像が見事

国宝「粉河寺縁起絵巻」によれば、寺の由来は、宝亀元年（770）に、粉河の猟師・大伴孔子古《おおとものくじこ》が山中での猟の最中に地面が光を放っているのをみつけ、そこに庵を建てた。安置する仏像がなかったのだが、一夜泊めてもらったお礼にと、童《わらべ》姿の行者（童男行者《どうなんぎょうじゃ》）が七日七晩庵にこもり、金色の千手観音像を刻み立ち去った。孔子古がその観音像を大切に祀ったのが起こりだ。鎌倉時代には七堂伽藍、五百五十ケ坊など隆盛を極めたが、豊臣秀吉の兵乱にあい、全山を焼失。現在の諸堂は江戸中期に再建された。

重厚感抜群でどっしりと構えた大門をくぐると、1万5千坪の境内に伽藍が建ち並ぶ。長屋川の流れに沿って美しい石畳を進むと中門に。中に入ると、桃山時代の枯山水の庭園、粉河寺庭園が見事な姿をあらわす。石組みとソテツ、サツキを配した庭園は国の名勝にふさわしい。その奥に建つ本堂は西国札所の中でも最大級の規模だ。

本尊の千手千眼観世音菩薩は永久絶対秘仏だが、見えない本尊を守るように内陣には多くの仏像が並んでいる。二十八部衆と風神雷神像が全員そろい、弁財天、不動明王、大日如来、そして子授けのご利益があるとされる鬼子母神が並ぶ。さらに閻魔大王と十六羅漢がずらりと並ぶ姿は圧巻だ。厨子背面には裏観音様と呼ばれる千手千眼観世音菩薩を拝むことができる。本尊の化身とされる童男行者像は童男堂《どうなんどう》に安置され、毎年12月18日に開帳される。

重要文化財の大門

四天王を祀る中門も
重要文化財

西国札所の中で
最大規模の本堂

よりみち 蟹井土産物店

粉河寺大門の横にあるみやげ物店。ウリやナスなどを漬け込んだ「名物粉河寺みそ」をはじめ、季節の果物などを販売する。うどん・そばといった軽食もあり。

くだもの自家生産

紀の川市粉河 2308-2　0736-73-4201

9：00 ～ 17：00、不定休

境内図
75m
十禅律院
産土神社
行者堂
薬師堂
重文
千手堂
WC
本堂
鐘楼
御供所
庭園
六角堂
童男堂
念佛堂
中門
丈六堂
地蔵堂
本坊
太子堂
茶店
出現池
露座佛
円解院
不動堂
修徳院
蟹井土産物店
大門
蛭子神社
秋葉公園

第 3 番粉河寺→第 4 番施福寺（槇尾寺）

徒歩　粉河寺からJR和歌山線沿いを東へ、国道480号に出たら北へ進み、鍋谷峠から三国山、桧原峠の山道を歩いて施福寺をめざす。途中で滝畑に入らないように。約25km

電車・バス　粉河駅まで歩いて、JR和歌山線で約35分、橋本駅から南海高野線に乗り換えて約20分、河内長野駅下車。南海バス槇尾中学校前行きとシャトルバスを終点まで乗り継ぎ、槇尾山下車

マイカー　粉河寺から紀の川東ICより京奈和自動車道に入り、奈良方面へ。かつらぎICを下り、国道480号へ。鍋谷トンネル・父鬼トンネルを越え、大野町交差点を右折、国道171号、府道228号を経て施福寺へ。約28km、約35分

26
480
光明池
法道寺
滝谷不動
久米田寺
槇尾川
河内長野駅
河合寺
岸和田和泉IC
松尾寺
延命寺
蜻蛉池公園
170
金剛寺
神於山
関西サイクルスポーツセンター
バス
大野町
岸和田SA
滝畑ダム
371
父鬼トンネル
バス槇尾山停
4 施福寺(槇尾寺)
牛滝川
紀見トンネル
父鬼川
光滝寺
大威徳寺
岩雄山
鍋谷トンネル
岩湧山
電車
三国山
葛城山
徒歩
三石山
鍋谷峠
蔵王峠
若宮八幡宮
マイカー
橋本駅
480
京奈和自動車道
電車
かつらぎ西IC
紀の川東IC
マイカー
岸上橋
南海高野線
JR和歌山線
慈尊院
真田庵
3 粉河寺
道の駅 紀の川万葉の里
24
竜門橋
紀ノ川
北山
丹生都比売神社
370
粉河駅

第4番
札所

槇尾山《まきのおさん》 施福寺《せふくじ》（槇尾寺《まきのおでら》）

深山路や　檜原松原　わけゆけば　巻の尾寺に　駒ぞいさめる

◆宗　派　天台宗　**◆ご本尊**　十一面千手千眼観世音菩薩

安政年間の再建の本堂。内陣には多彩な仏像がせいぞろい

住　所	大阪府和泉市槇尾山町136
電話番号	0725-92-2332
納経時間	8：00～17：00 （1～2月は～16：00）
拝観料	本堂内陣拝観500円
駐車場	100台（無料）
バリアフリー	山中の石段を進むため車椅子での参拝は難しい。 車椅子用トイレなし

アクセス●泉北高速鉄道和泉中央駅より南海バス槇尾山口行きまたは父鬼行きで約60分、槇尾中学校前下車、シャトルバス（オレンジバス）に乗り換え、終点槇尾山下車、徒歩約30分

車／阪和自動車道岸和田和泉ICより国道170号を東へ（河内長野方面）、槇尾中学校南交差点を右折、看板あり。岸和田和泉ICより約12km

歳時記

2月：梅／11月：紅葉

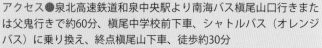

西国札所屈指の難所
感動仏の世界も体感

葛城山脈の北、標高601メートルの槇尾山の中腹、約530メートル地点にあり、西国札所のなかでも屈指の難所とされている。

寺の由来は、仏教伝来から間もない欽名天皇の時代、その命を受けて、行満上人が弥勒菩薩を本尊として建立した日本有数の古刹。信仰の歴史はさらに昔にさかのぼり、古代ヤマト王権の時代、「磐座《いわくら》」が山中にあり、航海や戦勝祈願をしたことに始まるという。宝亀2年（771）には、行基の弟子、法海が和泉大津の浦に浮かび上がる千手観音を感得し、その姿を刻んで安置し本尊とした。延暦22年（803）には、留学僧として航海を控えた弘法大師が剃髪得度し、永延2年（998）には、西国三十三所巡礼中の花山法皇が馬頭観音の導きにより山を登って参拝したと伝わっている。

参道への1キロメートルは、「観音八丁」ともいわれ、観音様との距離。山道を経て、弘法大師が剃髪したと伝わる愛染堂まできたら境内へ続く最後の階段。上りつめると本堂で、展望台からは大和葛城山などが一望できる。本堂内陣には正面中央に弥勒菩薩坐像、両脇に十一面千手千眼観世音立像と文殊菩薩立像、四隅には四天王像を安置している。そのほか、日本で唯一の仏像として貴重な方違大観音像や、60年ぶりに開扉されている花山法皇足守の馬頭観音坐像といった多くの仏像を身近で拝観できる。

山門から本堂まで約30分

至近距離で見られる「方違大観音像」

桜の時期の本堂の前

紅葉シーズンには山全体が赤く染まる

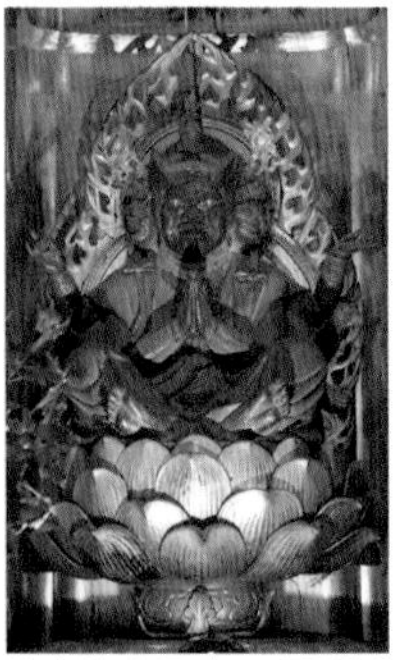
花山法皇足守の馬頭観音像

境内図

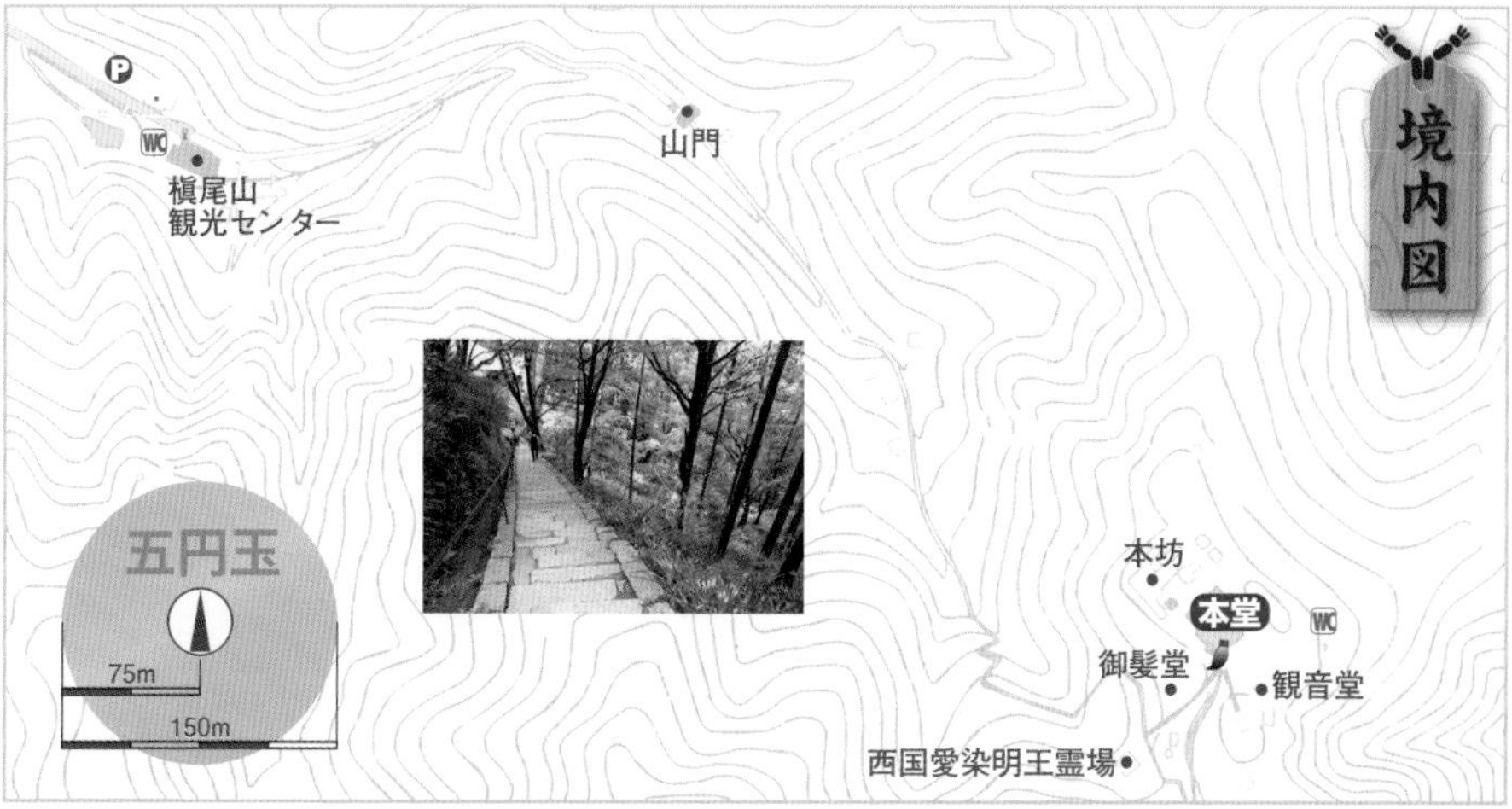
境内図
山門
槇尾山
観光センター
五円玉
75m
150m
本坊
本堂
御髪堂
観音堂
西国愛染明王霊場

第4番施福寺（槇尾寺）→第5番葛井寺

徒歩

施福寺から桜ノ辻を経て、滝畑方面に下る。府道218号を経て、河内長野駅から近鉄長野線と国道170号の側道をたどって葛井寺へ。約26km

電車・バス

槇尾山からオレンジバスと南海バスを乗り継いで和泉中央駅へ。泉北高速鉄道で約30分、新今宮駅へ。JR環状線で天王寺駅へ。大阪阿部野橋駅より近鉄南大阪線準急で約15分、藤井寺駅下車。徒歩約6分

マイカー

施福寺駐車場から槇尾中学校南交差点を右折して国道170号を藤井寺方面へ北上、野中北交差点を左折して、府道186号へ。約26km、約60分

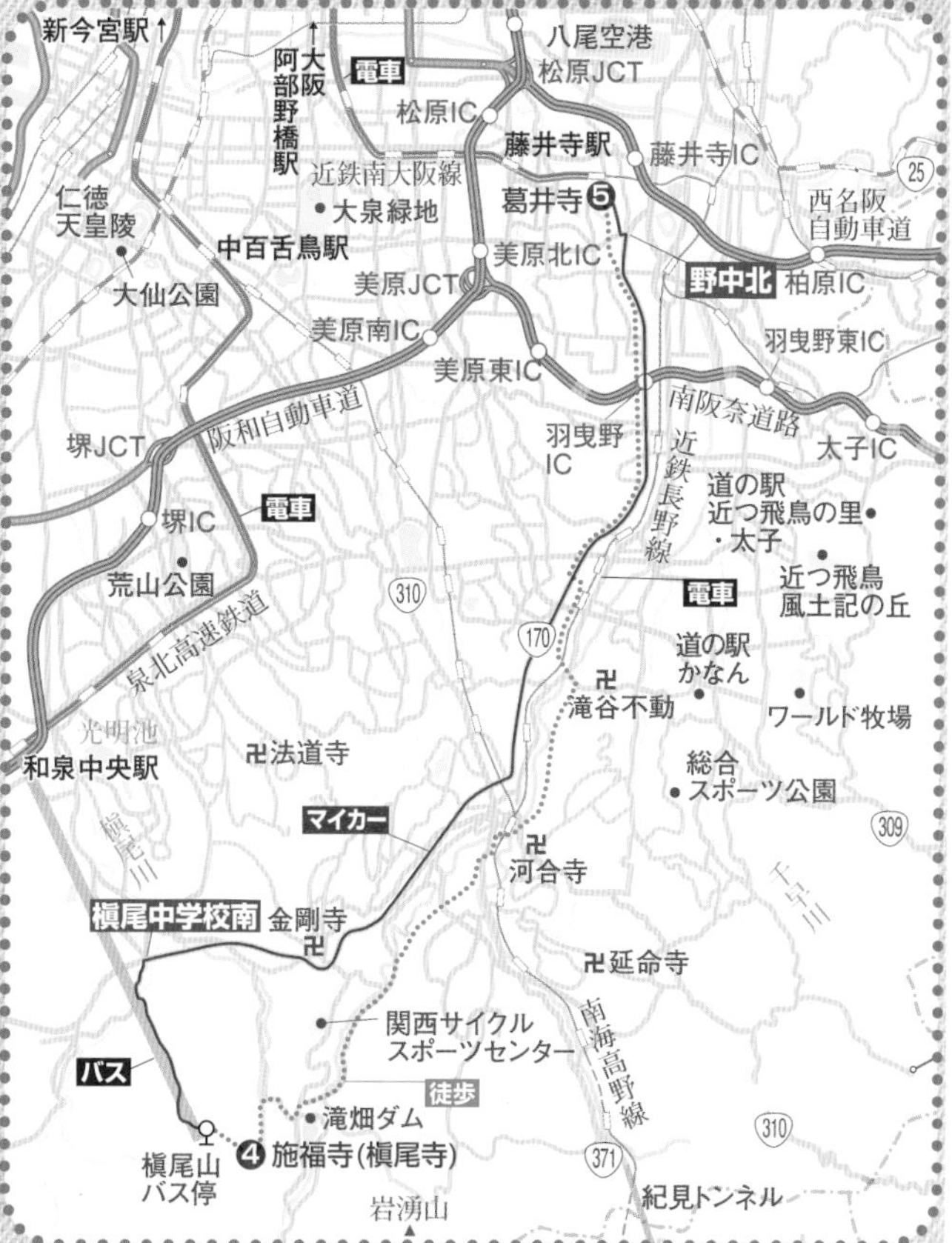
新今宮駅
大阪阿部野橋駅
電車
八尾空港
松原JCT
松原IC
藤井寺駅
藤井寺IC
近鉄南大阪線
大泉緑地
葛井寺 5
仁徳天皇陵
中百舌鳥駅
美原北IC
西名阪自動車道
25
美原JCT
野中北
柏原IC
大仙公園
美原南IC
羽曳野東IC
美原東IC
南阪奈道路
阪和自動車道
堺JCT
羽曳野IC
近鉄長野線
太子IC
道の駅
近つ飛鳥の里・太子
堺IC
電車
近つ飛鳥
風土記の丘
荒山公園
310
電車
泉北高速鉄道
170
道の駅
かなん
滝谷不動
光明池
ワールド牧場
和泉中央駅
法道寺
総合
スポーツ公園
マイカー
309
槇尾川
河合寺
槇尾中学校南
金剛寺
延命寺
関西サイクル
スポーツセンター
バス
徒歩
南海高野線
滝畑ダム
310
4 施福寺(槇尾寺)
371
槇尾山
バス停
岩湧山
紀見トンネル

第5番
札所

紫雲山《しうんざん》 葛井寺《ふじいでら》

参るより　頼みをかくる　葛井寺　花のうてなに　紫の雲

◆宗　派　真言宗御室派　◆ご本尊　十一面千手千眼観世音菩薩

重要文化財の四脚門は葛井寺で現存する最古の建造物

住　所	大阪府藤井寺市藤井寺1-16-21
電話番号	072-938-0005
拝観時間	8：00～17：00
納経時間	8：00～17：00
拝観料	なし（毎月18日の本尊拝観は500円）
駐車場	南大門前にコインパーキングあり
URL	https://www.fujiidera-temple.or.jp
バリアフリー	アーケードから近い四脚門より入り、境内は車椅子での参詣が可能。車椅子用トイレあり

旗掛けの松

アクセス●近鉄南大阪線藤井寺駅より南へ、商店街のアーケードを抜ける。駅から徒歩約６分

車／西名阪自動車道藤井寺ICより府道12号を藤井寺市街方面へ。小山交差点を左折して約１km。南阪奈道路羽曳野ICより府道32号、国道170号、府道190号経由で約５km

歳時記

1月18日：初観音会／4月18日：春季大法要・餅まき／12月18日：納観音・大根煮

4月：サクラ／5月：フジ(藤まつり)

慈悲深い千の手と眼で人々を救う観音菩薩

河内地方で勢力を広げていた百済王族の子孫にあたる葛井氏の氏寺として7世紀後半に創建されたと伝わる。奈良時代に聖武天皇の勅願により伽藍を配置し、春日仏師親子が本尊である十一面千手千眼観世音菩薩を造立、行基《ぎょうき》によって開眼された。その後、伽藍の修復に尽力した藤井安基の姓から「藤井寺」ともいい、地名として残ったといわれる。

国宝の十一面千手千眼観世音菩薩挫像は脱活乾漆法の傑作とされ、奈良・唐招提寺の千手観音立像と並び称される。合掌する手と大手をあわせて40本、小の手1001本を持ち、それらの手には慈悲深い目が描かれ、民衆のいかなる苦難も救ってくれると信仰を集めてきた。秘仏ながら毎月18日に開帳され、間近で拝観することができる。紫雲閣の大広間には、旧一万円札の聖徳太子などの肖像画を描いた画伯による本尊の油絵が飾られている。

商店街のアーケードから続く四脚門は豊臣秀頼が寄進したもので、国の重要文化財。四脚門は西門で、正式な参拝ルートは南に位置する南大門から。堂々たる門をくぐると、正面に入母屋造りの本堂が建つ。その右手には、楠木正成ゆかりの「旗掛けの松」があり、珍しい3本松が現れたことから、3人が力を合わせれば困難に打ち勝つ力が授かるといわれる。境内では4月から5月に藤の花が見ごろを迎え、藤棚から垂れる大きな花房が美しい。

入母屋造りの本堂

▲風格のある南大門（令和３年７月修理修復完了）

◀専心龍乗観世音菩薩

国宝の本尊を祀る

よりみち　ヴィクリディタ サマデ

葛井寺境内にあるお茶処。各札所で名物のお菓子を食べ歩く「スイーツ巡礼」では、葛餅を提供。お茶付き550円、抹茶付き850円。持ち帰り用の葛餅は、670円と1340円。

住所・電話　葛井寺と同じ
時間　10：00～17：00、木曜休

境内図
40m
本坊紫雲閣
護摩堂
重文 四脚門
本堂
手水舎
旗掛けの松
出世地蔵
専心龍乗観音像
阿弥陀堂
大師堂
石燈籠
ヴィクリディタ サマデ
WC
南大門

藤井寺駅
藤井寺IC
5 葛井寺
香芝SA
香芝IC
西名阪自動車道
柏原IC
馬見丘陵公園
JR桜井線
169
長岳寺
羽曳野東IC
百済寺
近鉄橿原線
飛鳥川
三輪山
道の駅 ふたかみパーク
168
大神神社
羽曳野IC
南阪奈道路
太子IC
石光寺
大和八木駅
道の駅 近つ飛鳥の里・太子
當麻寺
電車
166
桜井駅
近つ飛鳥風土記の丘
尺土駅
文殊院
170
24
小房
葛城IC
近鉄南大阪線
橿原神宮
聖林寺
徒歩
マイカー
橿原神宮前駅
道の駅 かなん
飛鳥寺
滝谷不動
ワールド牧場
岡寺駅
不動寺
近鉄御所駅
御所駅
橘寺
岡寺
石舞台古墳
高松塚古墳
309
葛城山
葛城山ロープウェイ
JR和歌山線
壺阪山駅
バス
南法華寺（壷阪寺）
水越トンネル
6
清水谷
高取山
延命寺
高取城跡
壷阪寺バス停
金剛山
169
葛木神社
道の駅 吉野路大淀iセンター

第5番葛井寺→第6番南法華寺（壷阪寺）

徒歩　葛井寺から国道170号を東へ渡って狛ヶ谷駅辺りから日本最古の「官道」竹内街道を歩き、尺度駅前から南へ。御所市を抜けて高取方面へ歩き、南法華寺（壷阪寺）へ。約33km

電車・バス　藤井寺駅から近鉄南大阪線で約30分、橿原神宮前駅で近鉄吉野線に乗り換えて約7分、壺阪山駅下車。奈良交通バス壷阪寺行きで約11分、終点下車、徒歩約５分

マイカー　国道170号を南下、羽曳野ICから南阪奈道路、大和高田バイパス経由で小房交差点を右折、国道169号を南下し清水谷交差点を左折、県道119号に入り南法華寺（壷阪寺）へ。約35km、約50分

第6番 札所　壺阪山《つぼさかさん》　南法華寺《みなみほっけじ》（壺阪寺《つぼさかでら》）

岩をたて　水をたたえて　壺阪の　庭のいさごも　浄土なるらん

◆宗　派　真言宗　　◆ご本尊　十一面千手千眼観世音菩薩

伽藍とともに、境内にはたくさんの石仏が点在する

住　所	奈良県高市郡高取町壺阪3
電話番号	0744-52-2016
拝観時間	8：30～17：00
納経時間	8：30～17：00
拝観料	600円
駐車場	80台（有料）
URL	http://www.tsubosaka1300.or.jp/
バリアフリー	参道の石段には電動リフトを設置。車椅子用トイレあり

アクセス●近鉄吉野線壺阪山駅より奈良交通バス壺阪寺行きで約11分、終点下車徒歩すぐ

車／南阪奈道路葛城ICまたは西名阪自動車道柏原ICより大和高田バイパス経由で橿原市内へ。小房交差点より国道169号を南下し、清水谷交差点を左折して県道119号を南法華寺方面へ。葛城ICから約18km

歳時記

2月1～4日：節分、星祭祈願会／5月18日：眼病封じ祈願会／10月18日：眼病封じ祈願会、めがね供養会

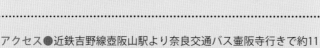

お里・澤市の霊験と眼病封じの観音さま

　縁起によると、大宝3年（703）に元興寺の弁基《べんき》上人が山で修行中、愛用の水晶の壺の中に観世音菩薩を感得。壺を坂の上の庵に納め、観音像を刻んで祀ったことが始まりとされる。三十六堂、六十余坊を数えた壺阪寺は、長谷寺とともに定額寺に列せられた平安時代に全盛期を迎え、清少納言が枕草子の中で「寺は壺阪、笠置、法輪」と、霊験の寺として筆頭に挙げた。

室町時代に再建された禮堂と本尊を祀る八角円堂

お里・澤市の像

三重塔

めがね供養観音

　桜の名所吉野山を控え、奈良盆地を一望する標高300メートルの地に建ち、境内には新旧のお堂が並ぶ。仁王門をくぐって石段を上ると、明応6年（1497）に再建された三重塔（重文）が建ち、その左手に本尊を礼拝するために建てられた禮堂（重文）がある。その横にある八角形の本堂、八角円堂に祀られている本尊の十一面千手千眼観世音菩薩は、古くから目の観音様として信仰を集めた。明治の初めには、盲目の澤市とその妻お里の霊験話、浄瑠璃『壺阪霊験記』で一層広まった。ここから身を投げた二人が観音様によって救われたという禮堂横の谷には、お里・澤市の像が建つ。本堂には澤市の杖があり、触れると夫婦円満・良縁成就のご利益があるとされる。

天竺渡来釈迦如来大涅槃関像

　山の斜面にある高さ20メートルの大観音石像は、インドでのハンセン病救済事業のご縁で招来されたもので、同じくインドにおける奉仕事業から始まった国際交流の一環として、大涅槃石像や大釈迦如来石像なども安置されている。

五円玉
30m
60m
養護盲老人ホーム
八角円堂
本堂
お里澤市像
灌頂堂
禮堂 重文
めがね供養観音
大講堂
多宝塔
仁王門
三重塔 重文
大釈迦如来石像
慈眼堂
WC
つぼさか茶屋
大石堂
大涅槃石像
霊園
休憩所
WC
大観音石像
境内図
お里茶屋

06

壷阪山　南法華寺（壷阪寺）

橿原神宮
橿原神宮前駅
バス
新沢千塚古墳
飛鳥寺
岡寺バス停
電車
曽我川
岡寺駅
7 岡寺(龍蓋寺)
橘寺
石舞台古墳
飛鳥駅
談山神社
飛鳥駅前
高松塚古墳
キトラ古墳
壺阪山駅
徒歩
バス
清水谷
南法華寺
(壷阪寺)
マイカー
6
高取山
高取城跡
169
壷阪寺バス停
道の駅
吉野路大淀iセンター

よりみち　つぼさか茶屋

目薬や目薬の木茶をはじめ、昔ながらの製法で手焼きする「め煎餅」などを販売。「め煎餅」は、本尊に眼病封じと身体健全を祈願したもの。本堂前でも販売している。

壷阪寺と同じ
10：00 ～ 15：00、不定休

第６番南法華寺（壷阪寺）→第７番岡寺（龍蓋寺）

徒歩 南法華寺（壷阪寺）から高取城下に下って、キトラ古墳方面へ北上。古墳や遺跡が点在する明日香を抜けて、岡寺（龍蓋寺）をめざす。約９km

電車・バス バスで壺阪山駅まで戻り、近鉄吉野線で約７分、橿原神宮前下車。東口乗り場より奈良交通バス16・19・23などで岡寺前下車、徒歩約10分

マイカー 南法華寺（壷阪寺）から県道119号へ、清水谷交差点を右折して国道169号へ。飛鳥駅前交差点を右折して県道209号に入り、県道155号経由で岡寺（龍蓋寺）へ。約11km、約15分

第7番
札所

東光山《とうこうさん》　岡寺《おかでら》（龍蓋寺《りゅうがいじ》）

けさ見れば　つゆ岡寺の　庭の苔　さながら瑠璃の　光なりけり

◆宗　派　真言宗豊山派　　◆ご本尊　如意輪観世音菩薩

巨大な如意輪観音坐像を祀る本堂

住　　所	奈良県高市郡明日香村岡806
電話番号	0744-54-2007
拝観時間	8：30〜17：00（12〜2月は〜16：30）
納経時間	8：30〜17：00（12〜2月は〜16：30）
拝 観 料	400円
駐 車 場	なし（近隣の民営駐車場利用）
U　R　L	http://www.okadera3307.com/
バリアフリー	入山受付で申し出ると、防災道路を利用して、車椅子で上がれる。仁王門近くに車椅子用トイレあり

アクセス●近鉄橿原線橿原神宮前駅東口より奈良交通バス16・19・23などで岡寺前下車、徒歩約10分

車／南阪奈道路葛城ICより大和高田バイパス経由で橿原市内へ。小房交差点より国道169号を南下し、岡寺駅前を左折して県道155号を岡寺方面へ。葛城ICから約15km

歳時記

2月初午の日：初午厄除け護摩供大般若法要／3月初午の日：初午大祭厄除け護摩供大般若法要／4月中旬〜5月初旬：シャクナゲ祭

数々の伝説が残る 日本で最初の厄よけ霊場

明日香村の東、岡山の中腹に位置する岡寺（龍蓋寺）。法名は龍蓋寺だが、地名に由来する岡寺の名前で知られている。寺伝によると、創建は約1300年前で開祖は義淵《ぎえん》僧正。生年不詳の義淵僧正は、ある日子どもに恵まれない夫婦の元に不思議な現象とともに現れた。それを聞きつけた天智天皇が観音様の申し子だとして引き取り、草壁皇子とともに育てたという伝説が残る。のちに岡宮の地を与えられた義淵僧正が、天智天皇の勅願により龍蓋寺を建立したと伝えられる。義淵僧正は日本における法相宗の祖といわれ、日本で初めて僧正の地位についた。良弁《ろうべん》や行基《ぎょうき》をはじめとする奈良時代の多くの高僧たちが、義淵僧正の教えを受けたといわれている。

法名の龍蓋寺という名は、飛鳥の地を荒らして農民を苦しめてきた龍を義淵僧正が池の中に封じ込めて大きな石で蓋をしたという言い伝えによるもの。悪龍は改心して善龍になって今も眠っていると伝わるのが境内にある龍蓋池。また、悪龍の厄難を取り除いたことから厄よけ信仰が始まったともいわれ、「日本最初やくよけ霊場」として親しまれている。

日本三大仏に数えられる本尊の如意輪観音坐像（重文）は、4メートルを超える大きさで、日本最大の塑像《そぞう》。弘法大師が日本・中国・インドの土で造り、それまで本尊とされてきた金銅如意輪観世音菩薩半跏思惟像（重文）を胎内に納めて本尊にした。4～12月は堂内で参拝ができる。

重要文化財の仁王門

阿弥陀三尊を安置する開山堂

昭和61年、514年ぶりに再建された三十宝塔

厄よけの鐘ともいわれる梵鐘がある鐘楼堂

修行大師像のある大師堂

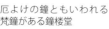

よりみち café ことだま

築200年弱の古民家をセルフリノベーションした趣のあるカフェ。明日香村産の新鮮な野菜や食材が味わえる「ことだまランチ」が人気。季節のデザートやドリンク類も各種そろう。

高市郡明日香村岡 1223　☎ 0744-54-4010
10:00 ～ 17:00（土日・祝日は～ 18:00）※ランチタイム 11:00 ～ 14:00LO、ティータイム 14:00 ～閉店 30 分前 LO
火曜・第 3 水曜休、夏季・冬季休業あり

奥之院にある稲荷明神社

願いをかなえる「もちの木」に善玉を吊るす

境内図
明日香村
地域振興公社
岡寺バス停
春は石楠花が美しい
重文
開山堂
本堂
稲荷社
治田神社
仁王門
奥之院石窟
WC
瑠璃井
龍蓋池
三重宝塔
境内が一望できる
義淵僧正
廟所
民宿若葉
岡本寺
明日香香竹窯
五円玉
常谷寺
75m
café ことだま
150m

第 7 番岡寺（龍蓋寺）→第 8 番長谷寺

巻向山
初瀬ダム
24
長谷寺 8
法起院
三輪山
初瀬
外
三輪駅
大神神社
165
長谷寺駅
大和
八木駅
電車
桜井駅
徒歩
近鉄大阪線
バス
166
阿部
藤原宮跡
文殊院
マイカー
舒明天皇陵
169
天香久山
本薬師寺跡
聖林寺
橿原
神宮前駅
飛鳥寺
音羽山
岡寺駅
岡寺バス停
7 岡寺(龍蓋寺)
橘寺
石舞台古墳
談山神社

徒歩　岡寺から県道15号を北へ、国道165号阿部交差点を東へ歩いて長谷寺をめざす。約14km

電車・バス　奈良交通バスで橿原神宮前駅まで戻って近鉄橿原線に乗り、大和八木駅で大阪線に乗り換えて約13分、長谷寺駅下車、徒歩約20分

マイカー　岡寺から県道15号を北上、阿部交差点を右折して国道165号へ。初瀬交差点を左折し、県道38号経由で長谷寺へ。約14km、約30分

第8番
札所

豊山《ぶざん》 長谷寺《はせでら》

いくたびも　参る心は　はつせ寺　山もちかいも　深き谷川

◆宗　派　真言宗豊山派（総本山）　◆ご本尊　十一面観世音菩薩

本堂の外舞台から五重塔を望む

住　　所	奈良県桜井市初瀬731-1
電話番号	0744-47-7001
拝観時間	8：30〜17：00（10〜11・3月は9：00〜、12〜2月は9：00〜16：30）
納経時間	8：30〜17：00（10〜11・3月は9：00〜、12〜2月は9：00〜16：30）
拝 観 料	500円
駐 車 場	70台（有料）
U　R　L	http://www.hasedera.or.jp/
バリアフリー	車椅子の場合は、申し出れば別ルートで本堂まで参拝可能。境内入口に車椅子用トイレあり

アクセス●近鉄大阪線長谷寺駅より徒歩約15分

車／西名阪自動車道天理ICより国道169号を桜井方面へ。桜井市内で国道165号へ左折（東進）。初瀬西の信号を左折して県道38号を長谷寺方面へ。天理ICから約20km。または名阪国道針ICから約15km

歳時記

1月1日：本尊開帳法要「万燈会」／4月下旬〜5月上旬：ぼたん／6月中旬〜7月：あじさい／10月下旬〜12月上旬：もみじ

舞台造の堂々たる本堂と四季折々に美しい花の寺

全国に末寺三千余寺をもつ真言宗豊山派の総本山。朱鳥《しゅちょう》元年（686）、道明上人が天武天皇の病気平癒を祈願して、銅板法華説相図を現在の五重塔付近にある西の岡の石室に安置したのが始まりとされる。のちに、神亀《じんき》4年（727）、徳道上人が聖武天皇の勅願により、東の岡に本尊の十一面観世音菩薩を祀った。徳道上人は西国三十三所観音霊場巡拝の開祖とされ、長谷寺は三十三所の根本霊場といわれている。

本堂へと続く登廊（重文）

桜の名所としても有名

国宝に指定されている本堂

本堂は初瀬山の中腹に建ち、仁王門から続く屋根付き回廊の登廊《のぼりろう》（重文）を上る。399段の登廊は、長谷型灯籠が吊るされて風雅な趣を見せる。登廊の先にある本堂は懸造《かけづくり》（舞台造）の大殿堂。現在の本堂は慶安3年（1650）に三代将軍徳川家光の寄進により再建され、国宝に指定されている。祀られている本尊の十一面観世音菩薩立像は「長谷寺式の観音」とよばれ、右手に錫杖、左手に水瓶を持って大盤石《だいばんじゃく》に立つという珍しい姿で、観音菩薩の徳と慈悲深さをあわせもつ。礼堂南の外舞台からは、朱塗りの五重塔をはじめとする諸堂が望め、春は新緑、秋は紅葉に包まれて美しい。

本坊・大講堂（重文）

四季折々の花が咲き、「花の御寺」として知られる長谷寺で特に有名なのがボタン。登廊の両側に150種類7000株が咲き誇る姿は圧巻だ。春の桜は吉野と並ぶ名所で、夏には3000株のアジサイが咲く。そのほか、梅やシャクナゲ、秋の紅葉など、四季を通じて訪れる人の目を楽しませてくれる。

よりみち　総本家　寿屋

名物
自然よもぎの草餅
寿屋

長谷寺の参道にある草餅が人気の店。手摘みの自然よもぎだけを使用した甘さ控えめの草餅は、食通のリピーターが多い。草餅、焼草餅各1個120円。

桜井市初瀬755　☎0744-47-7249
9：00～17：00、不定休

秋は紅葉が美しい

境内図
能満院日限地蔵
愛染堂
三社権現
御供所
御影堂
国宝
本堂
鐘楼 重文
開山堂
本長谷寺
三百餘社
一切経堂
蔵王堂
金蓮院
月輪院
五重塔
登廊 重文
興喜天満神社
納骨堂
本願院
慈眼院
登廊に沿って約7000株のボタンが咲き誇る
初夏には3000株のアジサイが参道を彩る
宗宝蔵
六角堂
梅心院
仁王門 重文
普門院
道場
歓喜院
受付
石観音
研修所
祖師堂奥之院
護摩堂
白心寮
陀羅尼堂
総本家寿屋
重文 本坊
大講堂 重文
白髭神社
大和玉仙閣美術館
崇蓮寺
法起院
旅館井谷屋
初瀬郵便局
万福寺
165
五円玉
75m
150m
初瀬
旅館備前屋

番外札所

豊山《ぶざん》 法起院《ほうきいん》

極楽は　よそにはあらじ　わが心　おなじ蓮の　へだてやはある

◆宗　派　真言宗豊山派　　◆ご本尊　徳道上人像

徳道上人像を安置する本堂

住　所	奈良県桜井市初瀬776
電話番号	0744-47-8032
拝観時間	8：30～17：00 （12～3月は9：00～16：30）
納経時間	8：30～17：00 （12～3月は9：00～16：30）
拝観料	なし
駐車場	6台（無料）
バリアフリー	車椅子用トイレなし

徳道上人御霊廟の十三重石塔

アクセス●近鉄大阪線長谷寺駅より徒歩約15分

車／西名阪自動車道天理ICより国道169号を桜井方面へ。桜井市内で国道165号へ左折（東進）。初瀬西の信号を左折して県道38号を東へ。天理ICから約18km。または名阪国道針ICから約15km

歳時記

1月2日：長谷寺開山徳道上人回向／3月2日：徳道忌

長谷寺開山堂の番外札所
徳道上人ゆかりの寺

第八番札所長谷寺の開基、徳道上人が晩年を過ごした寺。本堂には上人自らが刻んだという本尊の徳道上人像が祀られている。数々の伝説を残す徳道上人は、突然の病で仮死状態になった際、閻魔大王から悩める人々のために三十三所の観音霊場を広めるようにお告げを受けて甦った。その後、与えられた三十三所の宝印を摂津中山寺に埋め、２７０年後に花山法皇によって掘り出され、三十三所霊場が復興した。

境内には、法起菩薩となって飛び去った際に靴を脱いだという上人沓脱の石があり、触れると願いがかなうという言い伝えがある。

第８番長谷寺→第９番南円堂

徒歩

長谷寺から初瀬街道を西へ、道標を見ながら山の辺の道を進み、天理から奈良方面へ。約30km

電車・バス

参道を戻り、長谷寺駅から近鉄大阪線で約６分、桜井駅でJR桜井線に乗り換えて約28分、奈良駅下車、徒歩約15分

マイカー

長谷寺から国道165号を西へ、谷交差点を右折して国道169号を北上する。天理ICを越えてさらに北上し、奈良市内へ。約27km、約50分

上人沓脱の石

第9番
札所

興福寺《こうふくじ》 南円堂《なんえんどう》

春の日は　南円堂に　かがやきて　三笠の山に　晴るるうす雲

◆宗　派　法相宗大本山　　◆ご本尊　不空羂索観音菩薩

重要文化財に指定されている八角円堂の南円堂

住　　所　奈良県奈良市登大路町48
電話番号　0742-22-7755
拝観時間　9：00～17：00
納経時間　9：00～17：00（最終受付は16：30）
拝 観 料　なし（中金堂500円、東金堂300円、国宝館700円）
駐 車 場　46台（1000円）
U R L　http://www.kohfukuji.com/
バリアフリー　境内は車椅子でも拝観可能。奈良公園内に車椅子用トイレあり

アクセス●近鉄奈良駅東改札より徒歩約５分。JR奈良駅より奈良交通バス市内循環系統で県庁前下車すぐ
車／西名阪自動車道天理ICより国道169号を北へ約８km、約20分。第二阪奈道路宝来ICより阪奈道路を奈良公園方面へ約６km、約18分

歳時記

2月節分：追儺会／2月15日：涅槃会／4月8日：仏生会／4月17日：放生会／10月17日：大般若経転読会（南円堂特別開扉）

不空羂索観音を本尊に西国霊場で唯一祀る

　法相宗の大本山、興福寺。その起源は、天智８年（６６９）、藤原鎌足が重病を患った際に、夫人の鏡女王が夫の病気平癒を祈願して建立した山階寺。のちに飛鳥に移され、さらに平城遷都に伴い藤原不比等《ふひと》によって現在地に移転し、興福寺と名付けられた。藤原氏の氏寺として隆盛し、次々と堂塔が建てられ、奈良時代には四大寺、平安時代には七大寺のひとつに数えられる大寺となった。

　猿沢池の周りを歩き、石段を上がって五重塔を背に進むと、第九番札所の南円堂（重文）に着く。興福寺の伽藍のひとつである南円堂は、弘仁4年（８１３）、藤原冬嗣が父・内麻呂の冥福を願って建てた八角円堂。藤原氏の中でも権力を握っていた摂関家北家の祖である内麻呂・冬嗣親子のゆかりとあって、興福寺の中でも特別な存在であったといわれる。さらに本尊の不空羂索《ふくうけんさく》観音菩薩像（国宝）が鹿皮を身にまとっていたことで、鹿を神鹿とする氏神・春日社とのつながりから藤原氏がますます信仰を集めた。現在の南円堂は4代目で、寛政元年（１７８９）に再建された建物。像高３メートル余の堂々たる姿を見せる本尊の不空羂索観音菩薩像は、仏師康慶とその一門が15カ月かけて造ったもので、重量感のある身体と威厳に満ちた表情を見せる。秘仏だが、毎年10月17日の大般若経転読会の際に特別開扉される。

　興福寺は「古都奈良の文化財」のひとつとして世界遺産に登録され、国宝の五重塔や東金堂、北円堂、三重塔のほか、数多くの仏像や寺宝を収蔵する国宝館など、見どころが多い。

古都・奈良を象徴する五重塔（国宝）

北円堂（国宝）

薬師如来坐像を祀る国宝の東金堂

平成30年（２０１８）に落慶した中金堂

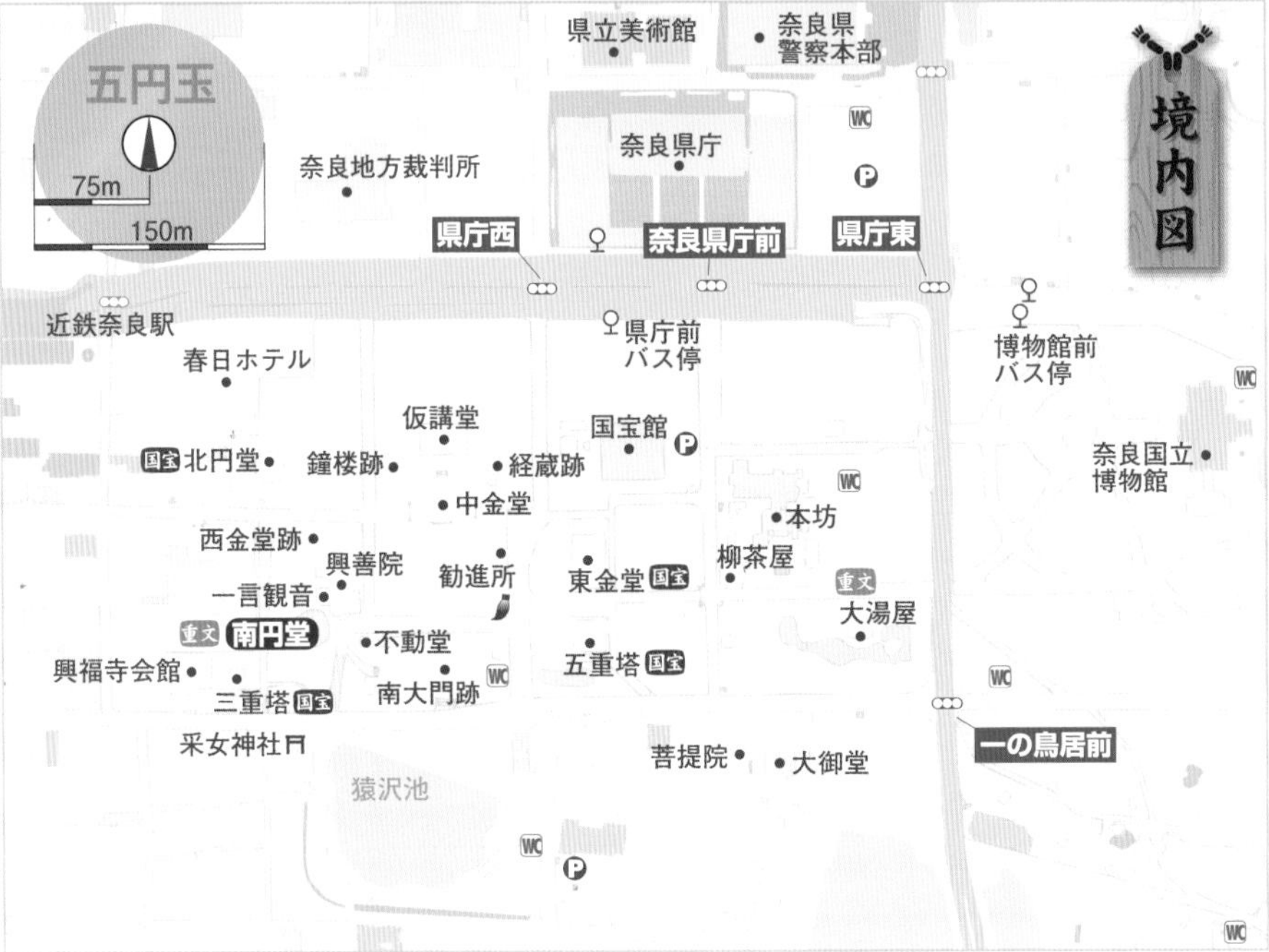
境内図
五円玉
75m
150m
県立美術館
奈良県警察本部
奈良県庁
奈良地方裁判所
県庁西
奈良県庁前
県庁東
近鉄奈良駅
県庁前バス停
博物館前バス停
春日ホテル
仮講堂
国宝館
国宝 北円堂
鐘楼跡
経蔵跡
中金堂
奈良国立博物館
本坊
西金堂跡
興善院
勧進所
東金堂 国宝
柳茶屋
一言観音
重文 南円堂
不動堂
重文 大湯屋
興福寺会館
三重塔 国宝
南大門跡
五重塔 国宝
採女神社
菩提院
大御堂
一の鳥居前
猿沢池

よりみち

奈良県立美術館

奈良公園に近く、県庁の隣にある美術館。絵画・工芸・彫刻など、約4100件余の美術品が収蔵されている。特別展や企画展を年4回程度開催する。

奈良市登大路町10-6　0742-23-3968
9：00～17：00（入館は閉館30分前まで）、月曜・展示替え期間年末年始休
展示により異なる

奈良国立博物館

なら仏像館・青銅器館・東新館・西新館の4つのギャラリーがある。なら仏像館では飛鳥時代から南北朝時代にいたるまでの多数の仏像を展示。

奈良市登大路町50
050-5542-8600（NTTハローダイヤル）
9：30～17：00（入館は～16：30）、月曜休
一般520円

第９番南円堂→第10番三室戸寺

徒歩

興福寺を東へ出て県庁東交差点を左折し、国道369号、県道754号、国道24号を経て木津川を渡る。県道322号、70号を北上し、宇治市街を抜けて三室戸寺をめざす。約30km

電車・バス

興福寺より徒歩約15分または奈良交通バスで奈良駅へ。JR奈良線快速で約31分、宇治駅下車、徒歩約30分（ツツジ・アジサイの時期はJR宇治駅から臨時バスあり）

マイカー

国道369号、県道754号経由で木津ICから京奈和自動車道へ。城陽ICから国道24号へ、大久保町田原交差点を右折して県道15号経由で三室戸寺へ。約33km、約60分

見 宇治市源氏物語ミュージアム

源氏物語の前半、平安京と光源氏がテーマの平安の間、宇治十帖がテーマの宇治の間など、展示や映像のほか、体験型展示を通して、源氏物語について詳しく知ることができる。

宇治市宇治東内45-26　☎0774-39-9300
9：00〜17：00（入館は〜16：30）、月曜休（祝日の場合は翌日）
¥大人600円

第10番
札所

明星山《みょうじょうざん》　三室戸寺《みむろとじ》

夜もすがら 月を三室戸 わけゆけば 宇治の川瀬に 立つは白波

◆宗　派　本山修験宗　　◆ご本尊　千手観世音菩薩

古代ハスや珍種の大洒錦など100種250鉢が並ぶ本堂前のハス園

住　　所	京都府宇治市莵道滋賀谷21
電話番号	0774-21-2067
拝観時間	8：30～16：30（11～3月は16：00まで）※拝観最終受付は閉門30分前まで、8月13～15日・12月29～31日休み
納経時間	8：30～16：00（11～3月は～15：30）
拝　観　料	500円（宝物殿は別途300円）※ツツジ園、アジサイ園、シダレウメ園開園期間中は別途800円
駐　車　場	300台（500円）
U　R　L	http://www.mimurotoji.com/
バリアフリー	境内は石段があり車椅子での拝観は難しい。車椅子用トイレなし

アクセス●京阪宇治線三室戸駅より東へ徒歩約15分

車／京滋バイパス宇治東IC（大阪方面からは宇治西IC）より府道7号を南へ約3分

源氏物語宇治十帖浮舟の古蹟碑

歳時記

毎月17日:宝物殿一般公開／7月上旬:ハス酒を楽しむ会

4月下旬～5月上旬:ツツジ・シャクナゲ／6月上旬～7月上旬:アジサイ／7月上旬～8月中旬:ハス／11月:紅葉

四季折々の花が咲く
緑に包まれた京の花寺

奈良時代の宝亀元年（７７０）、光仁天皇が宮中に毎夜金色の霊光が差し込むのに気付き、右少弁犬養に霊光の源を尋ねさせたところ、宇治川支流の志津川の岩淵で一尺二寸の二臂の千手観世音菩薩像を発見した。その後、天皇は行表禅師を招き、御室の一部を仏像の現れた土地に移して、この観音像を本尊として御室戸寺と名付けるよう勅されたのが、三室戸寺の起こりといわれる。創建以来、光仁、花山、白河三帝の離宮になったことから、のちに三室戸寺と称される。平安時代には大寺として栄えたが、たびたびの火災で衰退。文明19年（１４８６）後土御門天皇が再興を果たすが、織田信長の焼き討ちにあい焼失した。現在の本堂は文化２年（１８０５）に再建された。

山門をくぐると、右手に与楽苑と名付けられた枯山水・池泉、広庭からなる、四季折々の花で彩られる５０００坪の大庭園が見渡せる。花の寺、あじさい寺、つつじ寺とも称され、特に1万株のアジサイ、２万株のツツジの美しさは格別。石段を60段上がった本堂前にはハス園があり、花の時期には色とりどりのハスが咲き、極楽浄土を思わせる。本堂前に鎮座する宝勝牛は、口中の石の玉を触ると勝運に恵まれるといわれる。本殿の背後の十八神社社殿は室町時代のもので、国の重要文化財。藤原時代の仏像（重文）が安置されている宝物殿は、毎月17日（9時より20分限り）に公開される。

6～7月、杉木立に咲くアジサイ

重要文化財の十八神社本殿

石段を上がると本堂がある

勝運がつくという宝勝牛

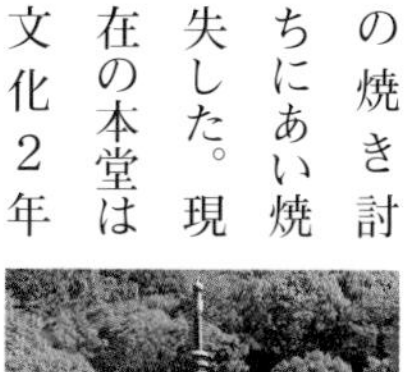
本堂東にある三重塔

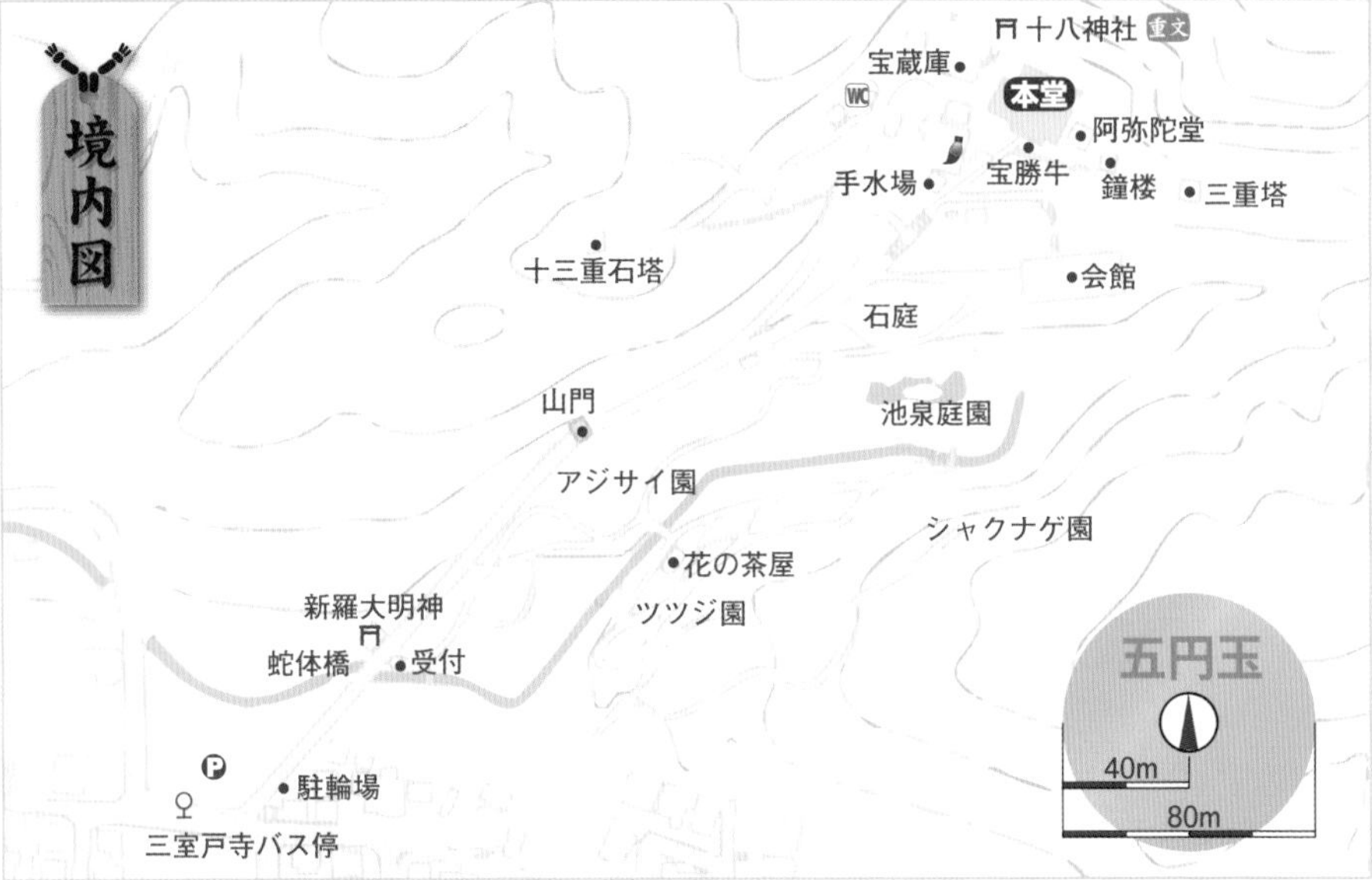
境内図
十八神社 重文
宝蔵庫
WC
本堂
阿弥陀堂
手水場
宝勝牛
鐘楼
三重塔
十三重石塔
会館
石庭
山門
池泉庭園
アジサイ園
シャクナゲ園
花の茶屋
新羅大明神
ツツジ園
蛇体橋
受付
五円玉
40m
80m
駐輪場
三室戸寺バス停

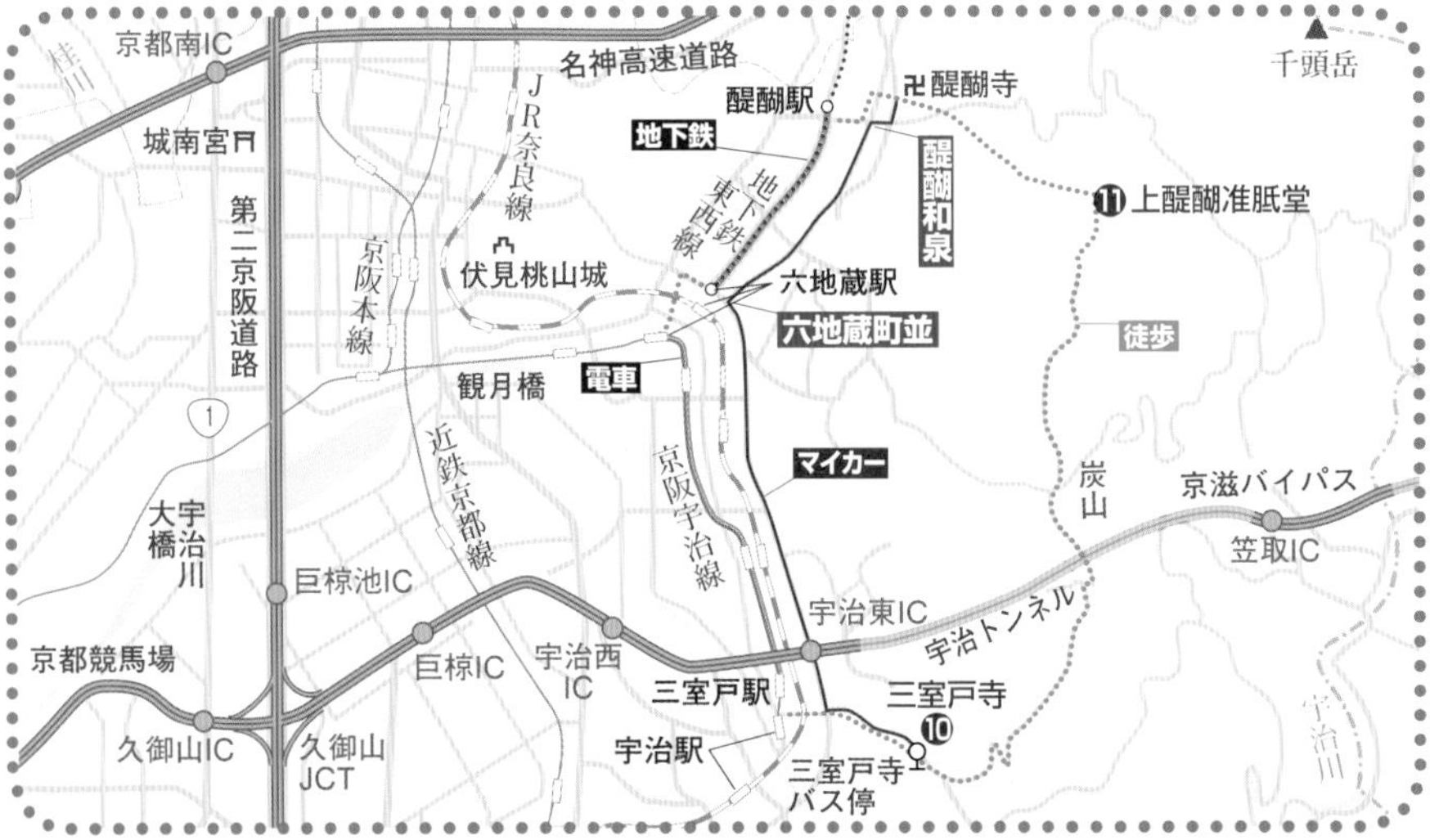
京都南IC
桂川
名神高速道路
醍醐駅
醍醐寺
千頭岳
城南宮
地下鉄
JR奈良線
地下鉄東西線
醍醐和泉
⑪ 上醍醐准胝堂
第二京阪道路
京阪本線
伏見桃山城
六地蔵駅
六地蔵町並
徒歩
観月橋
電車
1
近鉄京都線
マイカー
京阪宇治線
炭山
京滋バイパス
宇治川
大橋
笠取IC
巨椋池IC
宇治東IC
宇治トンネル
京都競馬場
巨椋IC
宇治西IC
三室戸駅
三室戸寺
⑩
宇治駅
久御山IC
久御山JCT
三室戸寺バス停
宇治川

第10番三室戸寺→第11番上醍醐 准胝堂

徒歩

三室戸寺から南東に歩き、東海自然歩道に出て左折、道標に従い歩く。炭山近くの分岐点もそのまま北へ直進して歩き、醍醐寺へ。約9km

電車・バス

三室戸駅から京阪宇治線で約6分、六地蔵駅下車、徒歩約4分で地下鉄東西線に乗り換えて約5分、醍醐駅下車。下醍醐まで徒歩約15分。女人堂から上醍醐まで徒歩約60分

マイカー

府道7号を北上、六地蔵町並交差点を右折、府道36号を北上し、醍醐和泉交差点を右折してすぐ醍醐寺（下醍醐）。約8km、約20分

第11番 札所

深雪山《みゆきさん》 上醍醐《かみだいご》 准胝堂《じゅんていどう》

逆縁も　もらさで救う　願なれば　准胝堂はたのもしきかな

◆宗　派　真言宗醍醐派（総本山）　◆ご本尊　准胝観世音菩薩

現在納経所となっている下醍醐の観音堂

住　　所	京都府京都市伏見区醍醐東大路町22
電話番号	075-571-0002
拝観時間	9：00～17：00（冬期は～16：30）受付は閉門時間30分前まで ※上醍醐入山受付時間（上醍醐登山口女人堂で入山受付）9：00～16：15（冬期は～14：00）
納経時間	9：00～17：00（冬期は～16：30）※現在御朱印、納経、納札は観音堂にて受付
拝 観 料	1000円（三宝院庭園・伽藍）※春期は1500円（三宝院庭園・伽藍・霊宝館庭園）上醍醐入山料600円（令和3年8月1日現在）
駐 車 場	100台（5時間まで1000円）
U R L	http://www.daigoji.or.jp/
バリアフリー	車椅子での上醍醐の拝観は厳しい。下醍醐は移動可能

アクセス●京都市営地下鉄東西線醍醐駅より東へ進み、つきあたりを左折､高架下をくぐり直進。醍醐寺まで徒歩約15分。下醍醐伽藍を抜け、上醍醐登山口から上醍醐までは徒歩約60分

車／名神京都東ICより国道1号を経由し山科大塚交差点を左折。府道35、36号を南下し、醍醐新町交差点を左折して醍醐道に入り約700m

歳時記

2月23日:五大力さん／4月第2日曜:豊太閤花見行列／5月15～21日: 准胝観世音菩薩ご開扉法要／8月5日:醍醐寺万灯会／4月サクラ／11月:紅葉

花の醍醐と謳われる西国随一の難所

醍醐寺は、豊臣秀吉が贅を尽くして行った「醍醐の花見」で知られる桜の名所。標高454メートルの醍醐山（笠取山）の麓から山上まで、80余の堂伽藍が建ち並ぶ。醍醐寺の名は、弘法大師の孫弟子の理源大師聖宝が山岳信仰の霊山であったこの地を訪れたとき、白髪の翁が現れ、落葉をかきわけて下に湧きだした水をすくい飲み「ああ、醍醐味かな」と言葉を残し姿を消した故事に由来する。翁は地主神・横尾明神であったといわれる。霊泉を得た聖宝が、山に草庵を結び、准胝、如意輪の両観音像を刻み安置したことが寺の起こりといわれる。醍醐は五味の中最上の滋味で、心の糧として仏法が最高であることを表している。貞観16年（874）の創建後、醍醐、朱雀・村上三帝をはじめ皇室貴族の保護を受けて大伽藍が完成した。しかし応仁の乱で多くの堂を焼失、後に豊臣秀吉により復興された。西国札所である准胝堂は上醍醐にあり約3キロのきつい山道を登らねばならなかったが、平成20年の落雷によって焼失。現在は下醍醐の観音堂で納経を受け付けている。仁王門をくぐり、国宝の金堂と五重塔を見て、観音堂へ。女人堂から上醍醐までは杉木立ちの参道を上がる。途中秀吉の醍醐花見の場、槍山を過ぎると道は厳しくなる。寺の起源となった醍醐水は現在も湧き、霊水を飲むことができる。山深くに薬師堂、如意輪堂、開山堂など堂宇が点在する。

上醍醐登山口から険しい山道が始まる

登山道中ほどの不動の滝

五重塔（国宝）は京都府下最古の木造建築物

醍醐寺発祥の地である霊泉、醍醐水

五大堂前の理源大師像（中央）

山上伽藍、平安時代創建の国宝の薬師堂

醍醐天皇の御願により延長４年（926）に創建され、
慶長５年（1600）に豊臣秀吉によって移築・再建された金堂

舞台造りの如意輪堂（重文）

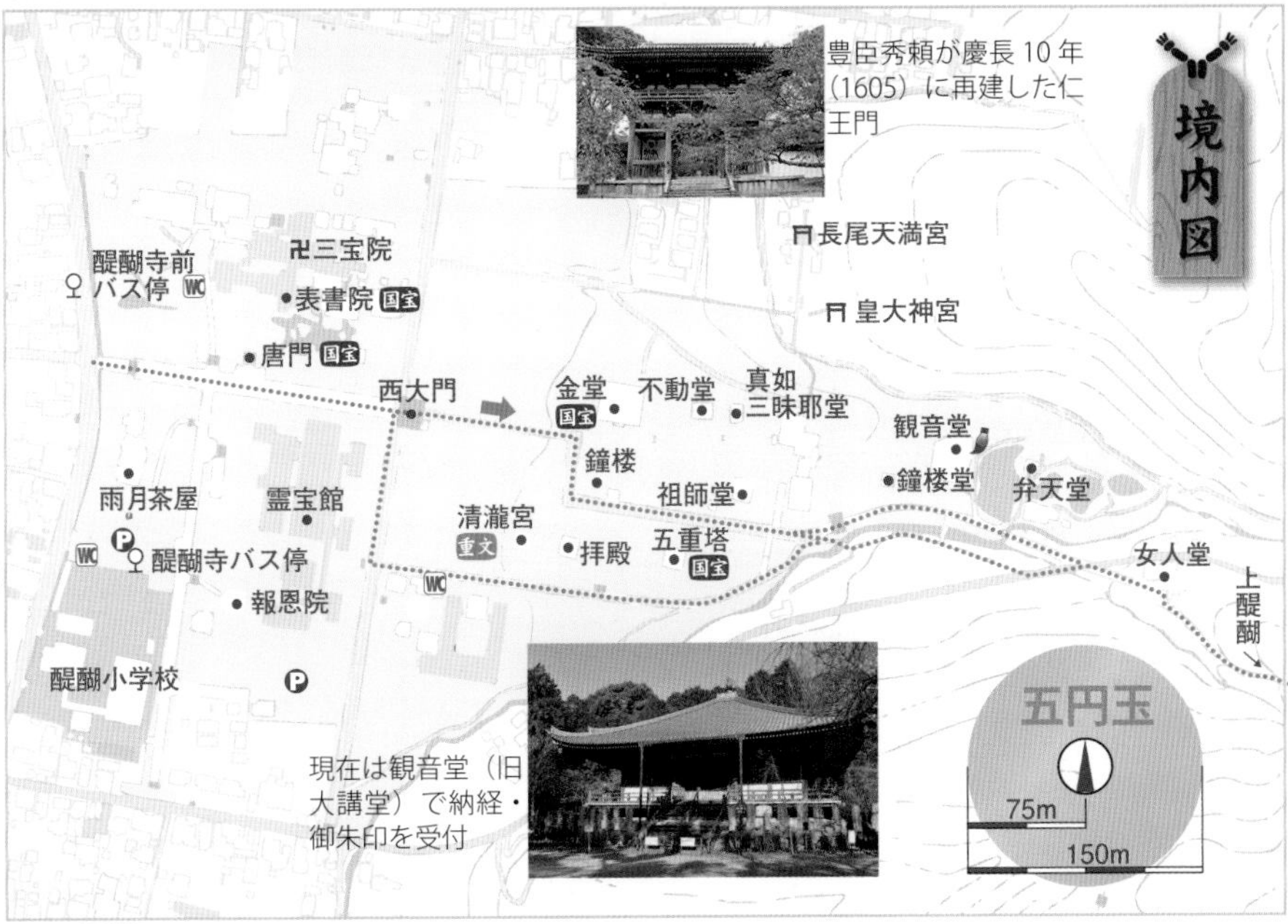

境内図
豊臣秀頼が慶長10年（1605）に再建した仁王門
長尾天満宮
皇大神宮
三宝院
醍醐寺前バス停
表書院 国宝
唐門 国宝
西大門
金堂 国宝
不動堂
真如三昧耶堂
観音堂
鐘楼堂
弁天堂
鐘楼
祖師堂
清瀧宮 重文
拝殿
五重塔 国宝
女人堂
上醍醐
雨月茶屋
霊宝館
醍醐寺バス停
報恩院
醍醐小学校
現在は観音堂（旧大講堂）で納経・御朱印を受付
五円玉
75m
150m

よりみち 雨月茶屋

醍醐寺境内にある茶店。手頃な精進弁当「雨月」1760円や、天ぷら入りの三宝そば1210円、焼き餅入りの五大力うどん1210円などが味わえる。桜アイスクリーム550円や、お菓子付きお抹茶などのデザートも。

京都市伏見区醍醐東大路町 35 の 1
075-571-1321　10:00～17:00、火曜休（春・秋を除く）

准胝堂（復旧中）
醍醐水
清瀧宮本殿
清瀧宮拝殿 国宝
国宝 薬師堂
五大堂
寺務所
鐘楼
重文 如意輪堂
開山堂 重文
下醍醐
75m

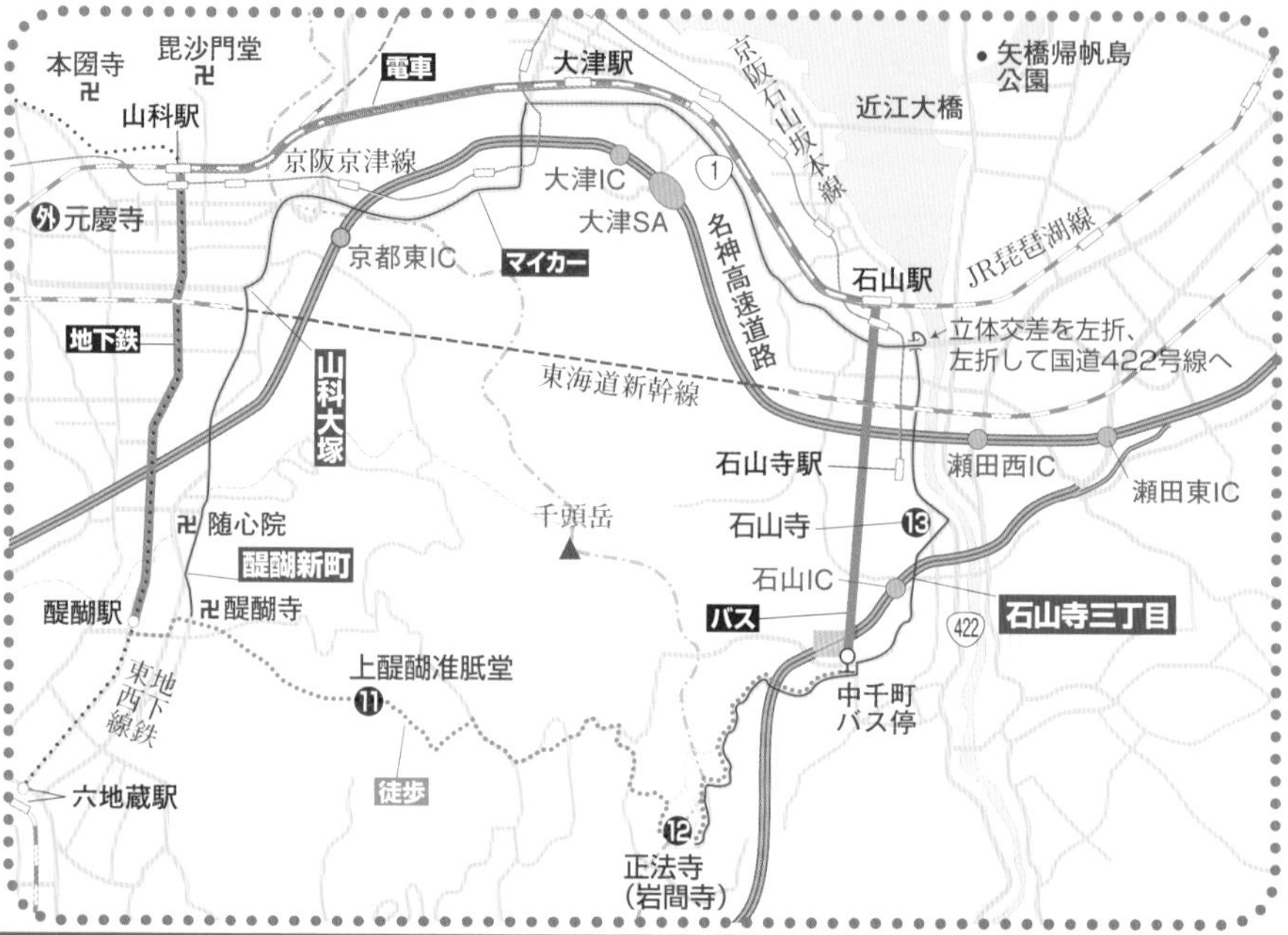

第11番上醍醐 准胝堂→第12番正法寺（岩間寺）

上醍醐から開山堂前の道を西へ進み山を下り、車道に合流したら右折、東海自然歩道と合流したら道標に従って歩き、正法寺（岩間寺）へ。約6km

醍醐駅から地下鉄東西線約10分で山科駅、JR琵琶湖線に乗り換えて約10分で石山駅下車。京阪バス中千町経由新浜行きで中千町下車、徒歩約50分（毎月17日のみ岩間寺行シャトルバスあり）

府道35号を北上、山科大塚交差点を右折、国道1号を草津方面へ進み瀬田川手前で国道422号に入る。京滋バイパス高架をくぐり右折、県道106号経由で正法寺（岩間寺）へ。約23km、約40分

買 茶丈　藤村

かつて石山寺に逗留した島崎藤村にちなんで名付けられた、石山寺山門前から北へ100歩のところにある、甘味喫茶を併設した和菓子店。参拝帰りの瀬田川を眺めながらの休憩におすすめ。丹波大納言小豆の蜜漬と胡桃をやわらかい餅で包んだ「たばしる」は名物。

大津市石山寺1-3-22
077-533-3900　9：00～18：00、火曜休

食 湖舟

石山寺門前にある元祖志じみ飯の店。注文を受けてから鉄釜で炊き上げる、アツアツの「志じみ釜飯」が名物。志じみ釜飯御膳（1650円）や、滋賀県産の調味料にこだわった秘伝のタレで焼き上げる炭焼きうなぎ料理が人気。

大津市石山寺3-2-27　077-537-0127
10：00～16：30（季節により異なる）、不定休

第12番札所　岩間山《いわまさん》　正法寺《しょうほうじ》（岩間寺《いわまでら》）

水上は　いづくなるらん　岩間寺　岸打つ波は　松風の音

◆宗　派　真言宗醍醐派　　◆ご本尊　千手観世音菩薩

雷避け、厄除け、ぼけ封じにご利益がある正法寺（通称岩間寺）

住　所	滋賀県大津市石山内畑町82
電話番号	077-534-2412
拝観時間	9：00～16：30
納経時間	9：00～16：30
拝観料	500円（本堂内拝可）
駐車場	20台（無料）
URL	http://www.iwama-dera.or.jp/
バリアフリー	境内は車椅子でも参拝可能。車椅子用トイレなし

アクセス●JR琵琶湖線石山駅または京阪石山坂本線石山駅より、京阪バス52、53、54系統で中千町下車、徒歩約50分。毎月17日にはJR・京阪石山駅から岩間寺まで快速直通バスの運行あり

車／京滋バイパス石山ICより南郷方面へ約10分。名神高速道路瀬田西IC（名古屋方面からは瀬田東IC）より約15分

歳時記

4月17日：雷除け法会／5月17日・10月17日:ぼけ封じ祈願会・ほうろく灸／12月17日:終い観音法要・ぼけ封じ大根炊き

ぼけ封じ、雷除けで知られる汗かき観音の寺

滋賀県大津市と京都府宇治市の境、標高４４３メートルの岩間山山頂近くに位置する岩間寺。養老６年（７２２）、泰澄大師が元正天皇の大病を法力で治した功により建立された勅願寺である。泰澄は、山にあった桂の木で千手観音像を刻み、元正天皇の念持仏を胎内に納め本尊とした。本尊は毎夜厨子を抜け出し、苦しむ人々を救うため地獄を駆け巡り、汗びっしょりになって戻られたという伝説から、汗かき観音さんと呼ばれている。また、泰澄大師がたびたび落ちる雷に困り、法力で雷神を封じ込めて戒め、岩間寺の参拝者に、雷の災いを及ぼさないことを約束させて弟子にしたことから、雷除け観音としても信仰されている。このとき、山上で水の乏しい寺のために雷神が爪で掘ったといわれる「雷神爪堀湧泉」は不老長寿の霊水とされ、ぼけ封じにもご利益がある。

境内奥からは眺望も楽しめる

参道を進むと、ぼけ封じ観音像と佛足石、女性が手を合わせると、身も心も美しくなると伝わる「白姫龍神」の石が祀られている。さらに進むと大師堂、正面に天正５年（１５７７）に建立された本堂、右手に不動堂が建つ。本堂横には、岩間寺に参籠して霊験を得、俳風を確立したといわれる松尾芭蕉が、「古池や蛙とびこむ水のおと」を詠んだと伝えられる芭蕉の池が残る。境内には日本随一といわれる桂や銀杏の大樹があり、自然豊か。奥の谷には桂の大樹群もある。

ぼけ封じ観音像。「ぼけ封じ近畿十楽観音霊場」第４番札所でもある

銀杏の大樹に住む善神を祀る稲妻龍王社

本堂横の「芭蕉の池」

白姫龍神

大雷神王（災難除け）

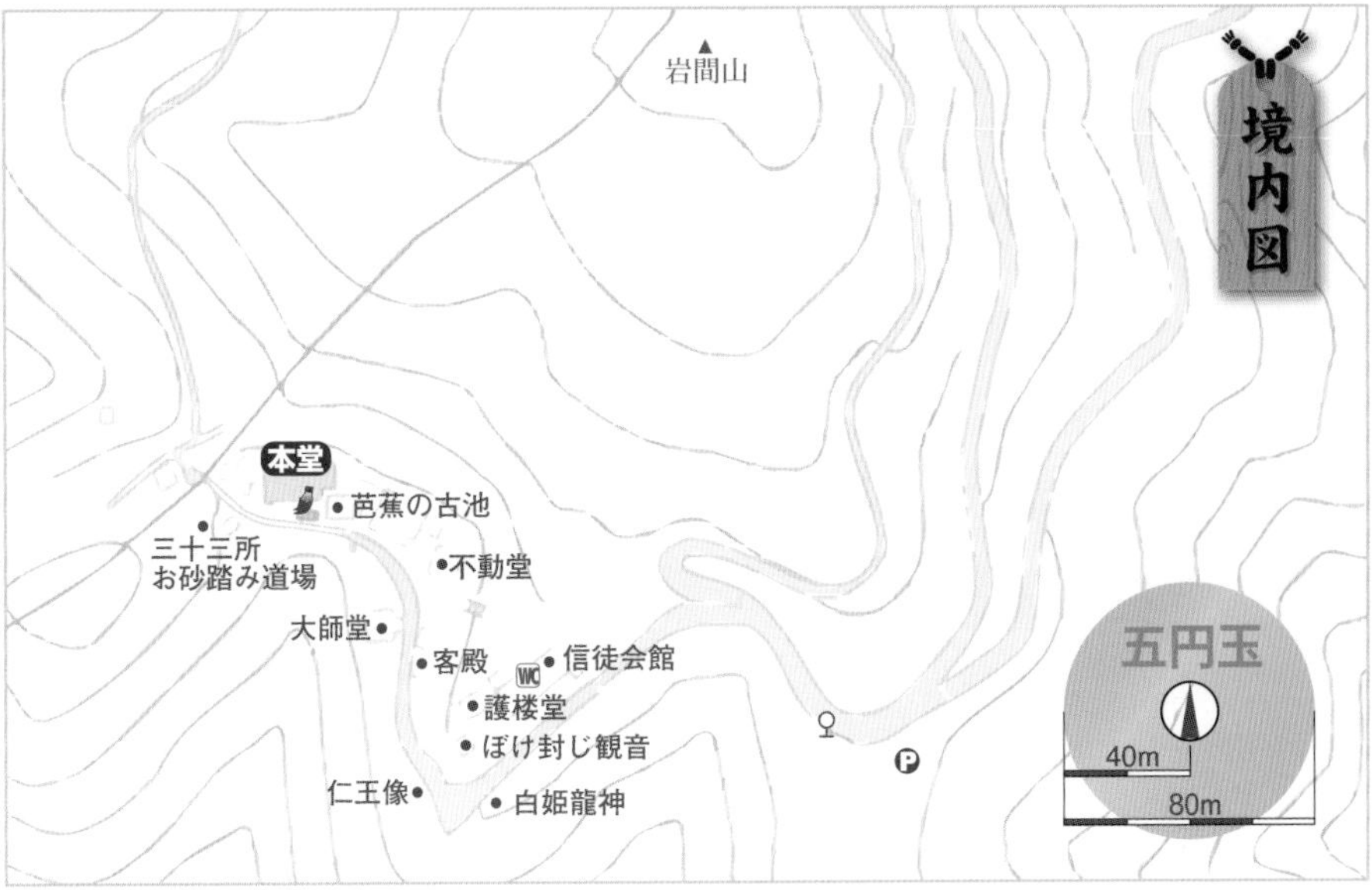
境内図
岩間山
本堂
芭蕉の古池
三十三所
お砂踏み道場
不動堂
大師堂
客殿
WC
信徒会館
護楼堂
ぼけ封じ観音
仁王像
白姫龍神
五円玉
40m
80m

京都東IC
名神高速道路
東海道新幹線
石山駅
JR琵琶湖線
京阪石山
坂本線
瀬田西IC
草津PA
草津
JCT
石山寺駅
石山寺⑬
バス
瀬田東IC
石山寺
山門前バス停
石山IC
石山寺三丁目
千頭岳
醍醐寺
⑪
上醍醐准胝堂
中千町
バス停
徒歩
マイカー
正法寺(岩間寺)⑫
京滋バイパス
瀬田川
南郷IC

第12番正法寺（岩間寺）→第13番石山寺

徒歩

正法寺（岩間寺）から東海自然歩道を道標に従って下山、京滋バイパスをくぐり石山寺へ。約６km

電車・バス

正法寺（岩間寺）から東海自然歩道を歩き中千町まで下山、徒歩約40分。中千町バス停より京阪バスで石山寺山門前下車すぐ

マイカー

正法寺（岩間寺）前より車道で下山し、府道106号に出て左折、石山寺三丁目交差点を左折して京滋バイパスをくぐり石山寺へ。約６km、約15分

第13番
札所

石光山《せっこうざん》　石山寺《いしやまでら》

後の世を　願うこころは　かろくとも　ほとけのちかいおもき石山

◆宗　派　東寺真言宗　　◆ご本尊　如意輪観世音菩薩

寺名の由来となった天然記念物の硅灰石と国宝の多宝塔

住　　所	滋賀県大津市石山寺1-1-1
電話番号	077-537-0013
拝観時間	8：00～16：30（入山は～16：00）
納経時間	8：00～16：30
拝 観 料	600円
駐 車 場	140台（600円）
U R L	http://www.ishiyamadera.or.jp/
バリアフリー	境内は階段があり車椅子での拝観は難しい。 車椅子用トイレあり

アクセス●JR琵琶湖線石山駅下車、京阪石山駅より京阪石山坂本線に乗り換え、京阪石山寺駅下車、徒歩約10分

車／名神高速道路瀬田西ICまたは瀬田東ICより国道422号を南郷方面へ約５分

歳時記

8月9日:千日会法要／9月：秋月祭　2月／ウメ／4月サクラ／4月下旬～5月上旬:キリシマツツジ／6月:アジサイ／11月:紅葉

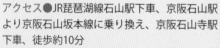

名月、花の寺でも知られる紫式部ゆかりの名刹

天平19年（747）、東大寺大仏造立のための黄金不足を愁えた聖武天皇が、夢告を受け、良弁僧正を開基としてこの地に開かれた寺と伝わる。観音の霊地とされ、平安時代に観音信仰が盛んになると、歴代天皇や貴族の崇敬を集めた。紫式部が源氏物語の構想を得た寺とされ、清少納言や和泉式部なども寺のことを日記や随筆に記し、女流文学開花の舞台となった。広大な境内は季節の花に彩られ、特に梅や桜、アジサイ、紅葉の名所として名高く、見所は尽きない。本尊の秘仏如意輪観音像は、安産、厄除け、福徳などにご利益のある日本唯一の勅封秘仏。源頼朝の寄進で創建された東大門（重文）をくぐって参道を進み石段を上ると、天然記念物の巨大な硅灰石の岩盤の上に建つ優美な多宝塔（国宝）の姿に目を奪われる。石山という名称はこの硅灰石に由来する。多宝塔は建久5年（1194）に建てられた日本最古のもので、日本三大多宝塔のひとつ。階段を上がった先の本堂（国宝）は滋賀県最古の木造建築物で、内陣は平安時代中期、外陣は慶長7年（1602）に淀殿の寄進により増築されたといわれ、相の間に紫式部が源氏物語を起筆した「源氏の間」がある。瀬田川を見下ろす高台には、近江八景「石山の秋月」鑑賞の場として知られる月見亭が建ち、その傍らには松尾芭蕉が仮住いし、句作した芭蕉庵もある。

建久元年（1190）創建の東大門

本堂も巨大な硅灰石の上に建つ

桧皮葺屋根の優美な多宝塔

紫式部が籠った「源氏の間」

後白河上皇の行幸に際し建てられた月見亭▶

紫式部の銅像

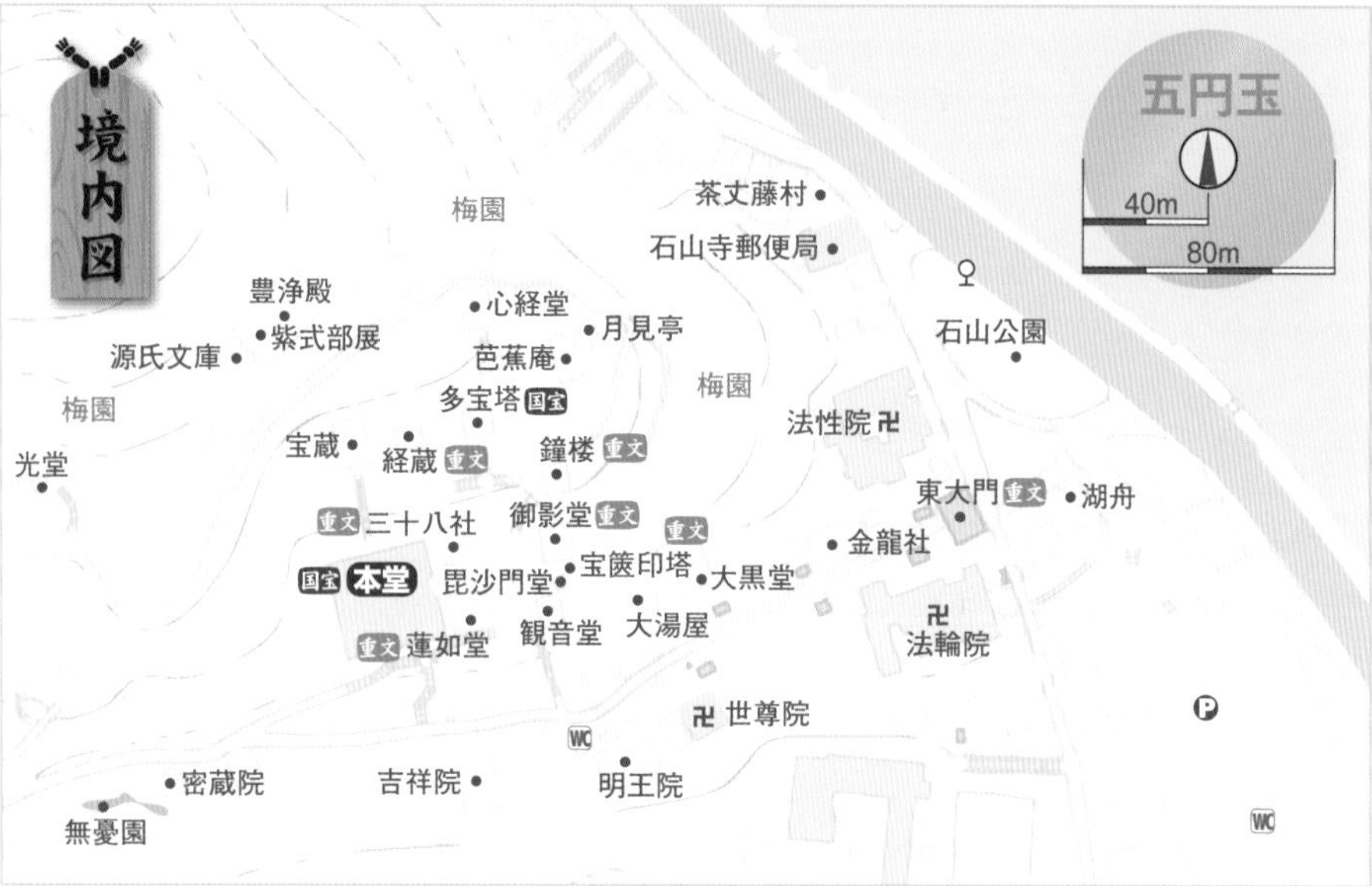
境内図
五円玉
40m
80m
茶丈藤村
石山寺郵便局
梅園
豊浄殿
紫式部展
源氏文庫
心経堂
月見亭
芭蕉庵
石山公園
梅園
多宝塔 国宝
梅園
法性院
光堂
宝蔵
経蔵 重文
鐘楼 重文
東大門 重文
湖舟
重文 三十八社
御影堂 重文
重文
金龍社
国宝 本堂
毘沙門堂
宝篋印塔
大黒堂
重文 蓮如堂
観音堂
大湯屋
法輪院
世尊院
WC
密蔵院
吉祥院
明王院
無憂園
WC

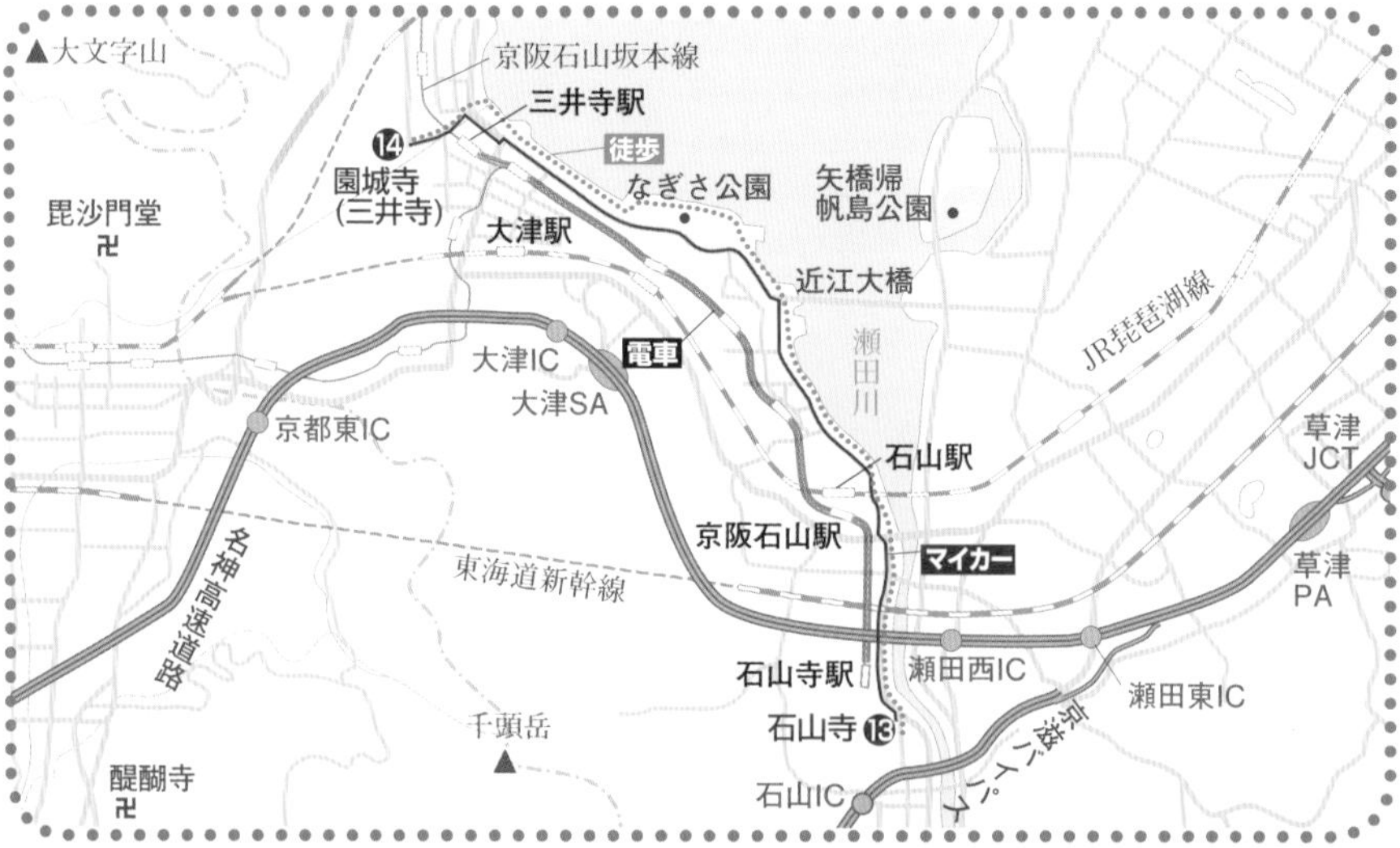
▲大文字山
京阪石山坂本線
三井寺駅
14
徒歩
園城寺
(三井寺)
なぎさ公園
矢橋帰
帆島公園
毘沙門堂
大津駅
近江大橋
JR琵琶湖線
大津IC
電車
瀬田川
大津SA
京都東IC
石山駅
草津
JCT
京阪石山駅
マイカー
草津
PA
東海道新幹線
名神高速道路
瀬田西IC
石山寺駅
瀬田東IC
石山寺 13
京滋バイパス
千頭岳
醍醐寺
石山IC

第13番石山寺→第14番園城寺（三井寺）

徒歩

石山寺から国道422号を北へ進み、国道１号をくぐり湖岸沿いの膳所公園・なぎさ公園内の整備された道を歩く。疎水を渡り左折、大門通正面に園城寺（三井寺）。約10km

電車・バス

石山寺から徒歩約10分で石山寺駅へ。京阪石山坂本線約19分で三井寺駅下車、徒歩約10分

マイカー

瀬田川沿いの国道422号を北へ、県道102号と県道18号を経由、大門通に入り園城寺へ。約９km、約20分

第14番札所　長等山《ながらさん》　園城寺《おんじょうじ》（三井寺《みいでら》）

いでいるや　波間の月を　三井寺の　鐘のひびきに　あくる湖

◆**宗　派**　天台寺門宗（総本山）　◆**ご本尊**　如意輪観世音菩薩

境内南東の展望公園から見渡す観音堂と境内

住　　所	滋賀県大津市園城寺町246
電話番号	077-522-2238
拝観時間	8：00～17：00（入山受付～16：30） 指定文化財収蔵庫8：30～16：30（受付終了～16：00）
納経時間	8：00～17：00
拝　観　料	600円
駐　車　場	350台（500円）
U　R　L	http://www.shiga-miidera.or.jp/
バリアフリー	境内は急坂や溝があり介護者が必要。 駐車場に車椅子用トイレあり

アクセス●JR湖西線大津京駅または琵琶湖線大津駅より京阪バスで三井寺下車すぐ。京阪石山坂本線三井寺駅より徒歩約10分

車／名神高速道路大津ICより湖岸道路経由で約10分

歳時記

4月8日:灌仏会／5月中頃の土日:三井寺千団子祭／10月29日:智証大師御祥忌法要

2月:ウメ／4月:サクラ／7月:スイレン／11月:紅葉

琵琶湖を見下ろして建つ「三井の晩鐘」が響く寺

古くから東大寺・興福寺・延暦寺とともに、日本四箇大寺のひとつに数えられる園城寺。壬申の乱に敗れた大友皇子の子の大友与多王が、朱鳥元年（６８６）父の霊を弔うために寺を建立し、天武天皇より「園城」の勅額を賜り、園城寺と称したことに始まる。「三井寺」の名は、境内に天智・天武・持統天皇の三帝の産湯に使われた霊泉があることから、「御井の寺」と呼ばれたことに由来する。貞観年間（８５９～８７７）に、唐から帰朝し密教の真髄を伝えた智証大師円珍が園城寺を天台別院として中興。円珍が当時の厳義・三部潅頂の法儀にこの霊泉を用いたことで、「三井寺」と称されるようになったと伝わる。その後、比叡山延暦寺との長きにわたる紛争や兵火でたびたび諸堂を焼失したが、苦難を乗り越え、その度に復興を遂げたため、「不死鳥の寺」といわれる。

広大な境内には、北政所により再建された金堂（国宝）をはじめ、三重塔（重文）、霊泉の湧く閼伽井屋（重文）、日本三名鐘・近江八景のひとつ「三井の晩鐘」で有名な鐘楼（重文）などがあり、国宝64点、重要文化財７２０点におよぶ貴重な寺宝が数多く残る。高台にある札所の観音堂は、元禄2年（１６８９）の再建で、本尊は33年ごとに開帳される秘仏・如意輪観世音菩薩（重文）。観音堂からさらに上がった展望台からは、琵琶湖や比良山系の眺望が素晴らしい。

徳川家康寄進の仁王門

桃山時代を代表する名建築の金堂（国宝）

重要文化財の毘沙門堂

荘厳な響き日本三銘鐘「三井の晩鐘」

現在も霊泉が湧き出している閼伽井屋

重要文化財の一切経蔵

境内図
大津市
歴史博物館
円満院
大津市
伝統芸能会館
国宝 光浄院客殿
釈迦堂 重文
重文 閼伽井屋
教待堂
園城寺町
仁王門 重文
金堂 国宝
霊鐘堂
レストラン風月
鐘楼
護法善神堂
覚勝院
一切経蔵 重文
三重塔 重文
重文 大師堂
重文 灌頂堂
行者堂
長等小学校
唐院 重文
龍泉院
総門
本寿院
普賢堂
法泉院
勧学院客殿
国宝
園城寺
事務所
水観寺
三尾神社
円宗院
文化財収蔵庫
宝寿院
上光院
微妙寺
霊園
天台寺門宗
宗務本所
重文 毘沙門堂
十八明神社
百体観音堂
観月舞台
観音堂
絵馬堂
手水舎
売店
展望台
長等神社
五円玉
75m
150m

重厚な観音堂

歴史が感じられる観音堂の堂内

よりみち　大津絵の店

大津絵は、江戸時代初期発祥の民族絵画で、鬼や藤娘など、さまざまな画題が独自の筆致で描かれている。古い町家を利用した趣のある店舗には、手描き色紙11000円～、手描き短冊5500円～、絵葉書などが並ぶ。

大津市三井寺町 3-38　077-524-5656
10：00～17：00、第1・3日曜休

番外
札所

華頂山《かちょうざん》　元慶寺《がんけいじ》

待てといわば　いとも畏し花山に　しばしと啼かん　鳥の音もがな

◆宗　派　天台宗　　◆ご本尊　薬師如来

「天つ風雲の通ひ路吹きとぢよ乙女の姿しばしとどめむ」は開基の僧正遍昭の歌

住　　所　京都府京都市山科区北花山河原町13
電話番号　075-581-0183
拝観時間　8：00～17：00
納経時間　8：00～17：00
拝 観 料　なし
駐 車 場　2台（無料）
バリアフリー　境内は車椅子での参詣が可能。車椅子用トイレなし

唐風、竜宮造りの山門

アクセス●京都市営地下鉄東西線御陵駅より徒歩約20分。JR・京阪山科駅より徒歩約40分、京阪バス北花山下車、徒歩約５分
車／名神高速道路京都東ICより国道１号を京都市街方面へ約２km、大石道交差点から渋谷街道を約800m

歳時記

毎月8日:薬師如来縁日
1月:ツバキ／4月:サクラ／6月:アジサイ／11月:紅葉

西国霊場中興の祖
花山法皇出家の寺

貞観11年（869）、桓武天皇の孫で、百人一首でも知られる遍昭僧正により開創。敬愛する仁明天皇が崩御されると出家し、この地に堂宇を建てたのが寺の起こりといわれる。寛和2年（986）に、西国三十三所観音霊場の巡礼を復興した花山法皇がここで出家し、2年の歳月を過ごした寺として番外札所になっている。花山法皇の出家は、藤原兼家の策略によるもので、最愛の女御の死に悲嘆に暮れている花山天皇をだまし天皇の位を退かせたと伝わる。寺は住宅街の細い路地の奥にあり、竜宮造りの白い唐風の山門の中に、緑に囲まれたこじんまりとした境内がある。安永年間（1772～1781）再建の本堂には、本尊薬師如来、遍昭僧正の木像が安置されている。

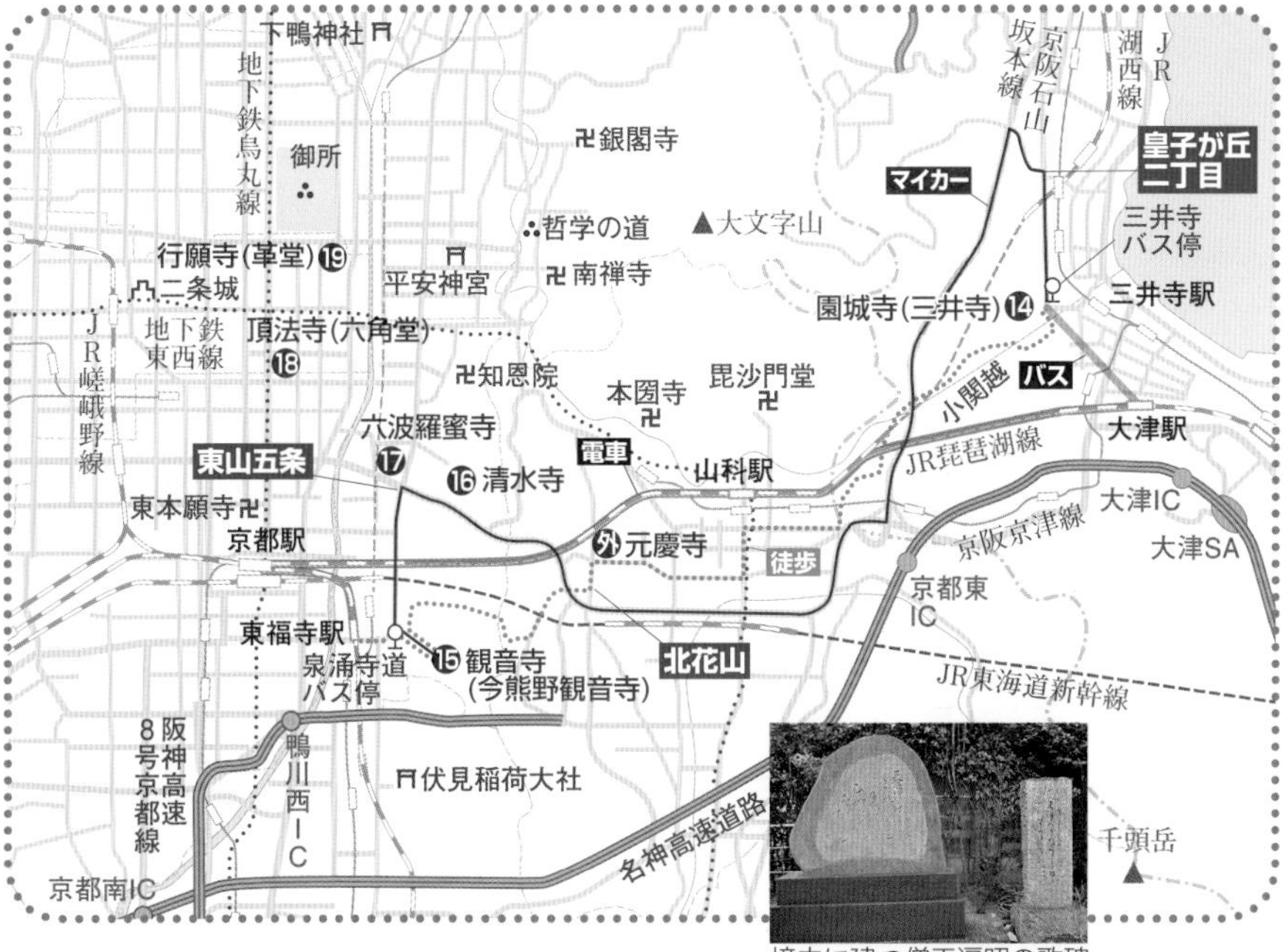

境内に建つ僧正遍昭の歌碑

第14番園城寺（三井寺）→第15番観音寺（今熊野観音寺）

徒歩 園城寺（三井寺）より南へ進み旧道の小関越えの道を山科方面へ歩く。山科駅を越え番外札所・元慶寺にも立ち寄り、府道116号に出て北花山交差点を左折して南下、滑石越を経て今熊野観音寺へ。約12km

電車・バス 園城寺（三井寺）より京阪バス約15分で大津駅、JR琵琶湖線約9分で京都駅、JR奈良線に乗り換えて約２分、東福寺駅下車、徒歩約15分

マイカー 園城寺（三井寺）より県道47号を北上、皇子が丘二丁目交差点を左折、国道161・1号を経て京都市街に入り、東山五条交差点を左折、東大路通を南下し泉涌寺通を左折。約15km、約30分

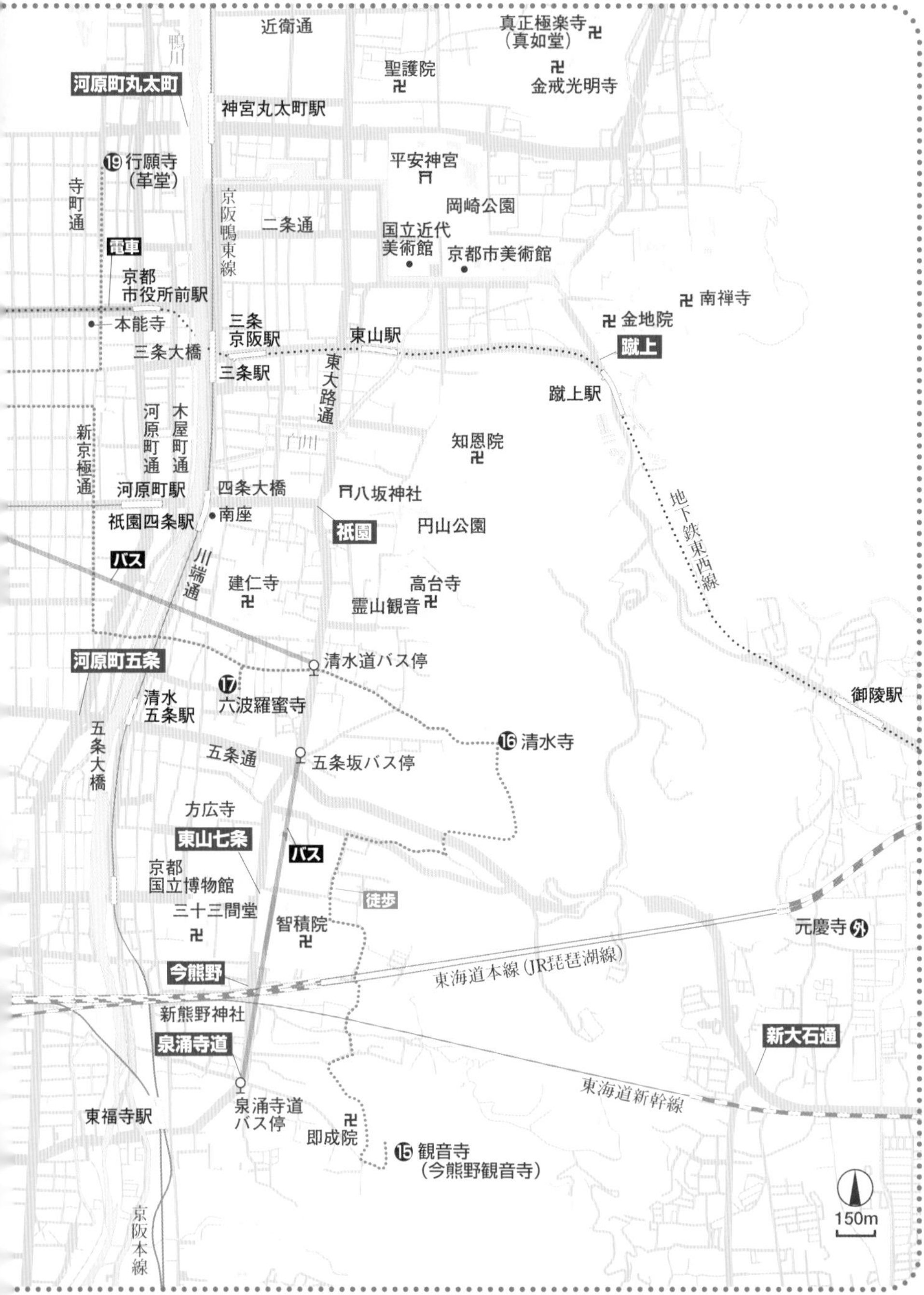
近衛通
真正極楽寺
（真如堂）
鴨川
聖護院
金戒光明寺
河原町丸太町
神宮丸太町駅
平安神宮
⑲行願寺
（革堂）
寺町通
京阪鴨東線
岡崎公園
二条通
国立近代
美術館
京都市美術館
電車
京都
市役所前駅
南禅寺
金地院
本能寺
三条
京阪駅
東山駅
三条大橋
蹴上
三条駅
東大路通
蹴上駅
河原町通
木屋町通
新京極通
白川
知恩院
河原町駅
四条大橋
八坂神社
地下鉄東西線
祇園四条駅
南座
祇園
円山公園
バス
川端通
建仁寺
高台寺
霊山観音
河原町五条
清水道バス停
清水
五条駅
⑰
六波羅蜜寺
御陵駅
⑯清水寺
五条大橋
五条通
五条坂バス停
方広寺
東山七条
バス
京都
国立博物館
徒歩
三十三間堂
智積院
元慶寺
今熊野
東海道本線（JR琵琶湖線）
新熊野神社
泉涌寺道
新大石通
東海道新幹線
東福寺駅
泉涌寺道
バス停
即成院
⑮観音寺
（今熊野観音寺）
150m
京阪本線

見 智積院

真言宗智山派三千ヵ寺の総本山で、数々の伽藍と多くの貴重な文化遺産がある。収蔵庫には桃山時代に長谷川等伯らによって描かれた、わが国の最高の名作・障壁画があり「楓図」「桜図」「松と立葵の図」「松に秋草図」などは国宝に指定されている。ダイナミックに大自然を描き出した、豪華絢爛たる絵画の世界を堪能できる。さらに、利休好みの庭として有名な名勝庭園は必見で、ツツジの咲く5月下旬から6月下旬にかけて一段と華やぎ、毎年多くの観光客が訪れる。

京都市東山区東大路通り七条下る東瓦町964
075-541-5361
拝観自由（収蔵庫・庭園は9：00～16：00）
無料（収蔵庫・名勝庭園は500円）

第15番観音寺（今熊野観音寺）→第19番行願寺（革堂）

徒歩

観音寺から行願寺までは距離も近いので、京都観光を楽しみながら歩いて回るのがおすすめ。５カ寺回っても約９kmなので、ほぼ１日で参れる道のりだ。市内に点在するレンタサイクルを利用すればより効率的に回ることができる。

●観音寺から清水寺までは約3.5km
●清水寺から六波羅蜜寺までは約1.5km
●六波羅蜜寺から頂法寺までは約2.5km
●六角堂から行願寺までは約1.5km

電車・バス

距離は近いが利用するなら市バスや地下鉄を取り入れるとよい。タクシーを使って回るのもおすすめ。

●観音寺から清水寺へは、西へ徒歩10分の泉涌寺通より市バス5分で五条坂下車、東へ徒歩10分
●六波羅蜜寺から頂法寺へは、東へ徒歩５分の清水道より市バス10分で四条烏丸下車、北へ徒歩５分
●頂法寺から行願寺へは、北へ徒歩５分の烏丸御池駅より地下鉄東西線２分で京都市役所前駅下車、北へ徒歩10分

マイカー

一方通行や右折禁止の交差点などが多く、駐車場のない札所もあるため、マイカーで回るには不向き。現地の道路案内にしたがって走ろう

※京都市街地の札所から続けて第20番札所の善峯寺を参る場合は、第18番札所の頂法寺と第19番札所の行願寺を逆に回った方が効率的

第15番札所 新那智山《しんなちさん》 観音寺《かんのんじ》（今熊野観音寺《いまくまのかんのんじ》）

昔より　立つとも知らぬ　今熊野　ほとけの誓い　あらたなりけり

◆宗　派　真言宗泉涌寺派　　◆ご本尊　十一面観世音菩薩

頭の観音様を安置する本堂

住　　所	京都府京都市東山区泉涌寺山内町32
電話番号	075-561-5511
拝観時間	8：00～17：00
納経時間	8：00～17：00
拝 観 料	なし
駐 車 場	数台（無料）
U R L	http://www.kannon.jp/
バリアフリー	介助人がいる場合は本堂下まで車椅子で移動可能（本堂内は不可）。車椅子用トイレなし。洋式あり

アクセス●阪急京都線河原町駅または京阪本線祇園四条駅より市バスで泉涌寺道下車、徒歩約10分。JR・京阪本線東福寺駅より徒歩約15分

車／阪神高速道路京都線鴨川西ICより国道24号、府道143号を経由して東山五条方面へ。鴨川西ICより約3km

歳時記

成人の日：京都七福神巡り恵比須神／6月15日：青葉祭／9月21～23日：四国八十八ヶ所お砂踏み法要

2月：梅／4月：サクラ／11月下旬：紅葉

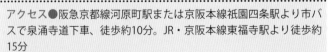

本尊は頭の観音様
熊野詣の聖地

観音寺は、現在は御寺と呼ばれる皇室の菩提寺、泉涌寺の山内にあるが、かつては二十町の広大な境内だったそう。天長年間（824〜834）に嵯峨天皇の勅願で弘法大師が開いたと伝わる。熊野権現のお告げで一堂を建立し、本尊に自ら刻んだ一尺八寸の十一面観世音菩薩像を祀り、胎内に熊野権現を名乗る翁から授かった一寸八分の観音像を納め安置したのが起こりといわれる。熊野権現を篤く信仰する後白河法皇が、この地に熊野那智権現を勧請して山号を新那智山と定めると、この頃から盛んになった熊野詣に合わせて、寺運は大いに栄えた。

泉涌寺の参道を抜けて、山門を入ると左手に「子護大師像（弘法大師）」が目に入る。子どもや孫の心身健康や学業成就を願う人のお参りが絶えない。石段を上がると、本堂、地蔵堂、大師堂、鐘楼、庫裏などの建物が建ち並ぶほか、本堂の向かいと鐘楼の近くに、弘法大師が錫杖で岩根を叩くと湧き出したという霊泉「五智水」が今も残る。本堂は正徳2年（1712）の建立といわれ、本尊の十一面観世音立像を安置し、脇に毘沙門、不動明王を祀っている。この十一面観音は、後白河法皇の持病の頭痛を平癒したことから「頭の観音様」と呼ばれ、頭痛やぼけ封じ、智恵授けに霊験があるといわれる。また、平安様式の石塔や藤原三代の供養塔があるほか、清少納言が晩年暮らした場所としても知られている。

弘法大師の霊水「五智水」

穏やかな表情の子護大師像

高さ 16 mの多宝塔（医聖堂）

秋は紅葉が美しい参道

境内図
医聖堂
本堂
大講堂
大師堂
五智の井
ぼけ封じ観音
稲荷社
熊野権現社
WC
茶所
鐘楼
子護大師

第**16**番
札所

音羽山　清水寺

おとわさん　きよみずでら

松風や　音羽の滝の　清水を　むすぶ心は　涼しかるらん

◆宗　派　北法相宗（大本山）　**◆ご本尊**　十一面千手千眼観世音菩薩

寛永10年（1633）、徳川家光の寄進で再建された本堂。別名「大悲閣」

住　　所	京都府京都市東山区清水1-294
電話番号	075-551-1234
拝観時間	6：00～18：00（季節により変動あり）
拝 観 料	400円
駐 車 場	なし
U　R　L	https://www.kiyomizudera.or.jp/
バリアフリー	境内はバリアフリー。車椅子境内参拝MAPをHPからダウンロードできる

アクセス●JR京都駅より市バス206・101系統で五条坂下車、徒歩約10分。阪急京都線河原町駅より市バス207系統で清水坂下車、徒歩約10分。京阪本線清水五条駅より徒歩約25分

車／名神高速道路京都東ICより国道1号を京都市街地方面へ約８km

歳時記

2月15日：涅槃会・中興開山良慶忌／4月8日：降誕会／5月23日：開山忌／8月14～16日：宵まいり

4月：サクラ／11月：紅葉

世界文化遺産でもある京都随一の観光名所

古くから「清水さん」として親しまれてきた清水寺は、東山の懐に抱かれた美しい自然景観を誇る寺。日本全国のみならず世界各国から観光客が訪れる有数の観光地でもある。『清水寺縁起』によると、宝亀9年（778）に、賢心（のちの延鎮《えんちん》上人《しょうにん》）によって開創された。霊夢にしたがい音羽山麓にある滝にたどり着いた上人が行叡居士《ぎょうえいこじ》より授けられた霊木で千手観音像を刻み、庵を結んだのが始まりと伝わる。2年後、上人はこの地で鹿狩りをしていた坂上田村麻呂《さかのうえたむらまろ》と出会い、観音霊地での殺生の罪深さを説いた。深く感銘を受けた田村麻呂は、夫婦共々仏法に帰依し、仏殿を寄進して十一面千手観世音菩薩を本尊として安置した。その後、桓武天皇の勅願所となり、鎮護国家の道場として発展していった。

約1キロにわたり、みやげ物店などが並ぶ清水坂を上りつめると、鮮やかな朱塗りの仁王門が目に入る。西門、三重塔、鐘楼、田村堂など重要文化財の建物の脇を通って国宝の本堂へ。本堂南縁の断崖に張り出した床が高さ13メートルの清水の舞台で、こちらも国宝だ。本堂から釈迦堂、阿弥陀堂、奥の院をめぐって、寺の由来となった音羽の滝へ。流れ出る三条の水は寺の創建以前から山中に湧き出ている。音羽の滝から少し南にある子安塔は、清水寺の塔頭である泰産寺の塔で、安産の祈願塔。ここからの眺望も美しく、清水の舞台や三重塔が見渡せる。

室町時代に建てられた仁王門

ともに重要文化財の三重塔と経堂

万病に霊験ありといわれている音羽の滝

胎内めぐりができる随求堂

崖の上にせりだした高さ 13m の清水の舞台

紅葉の風景に映える子安塔

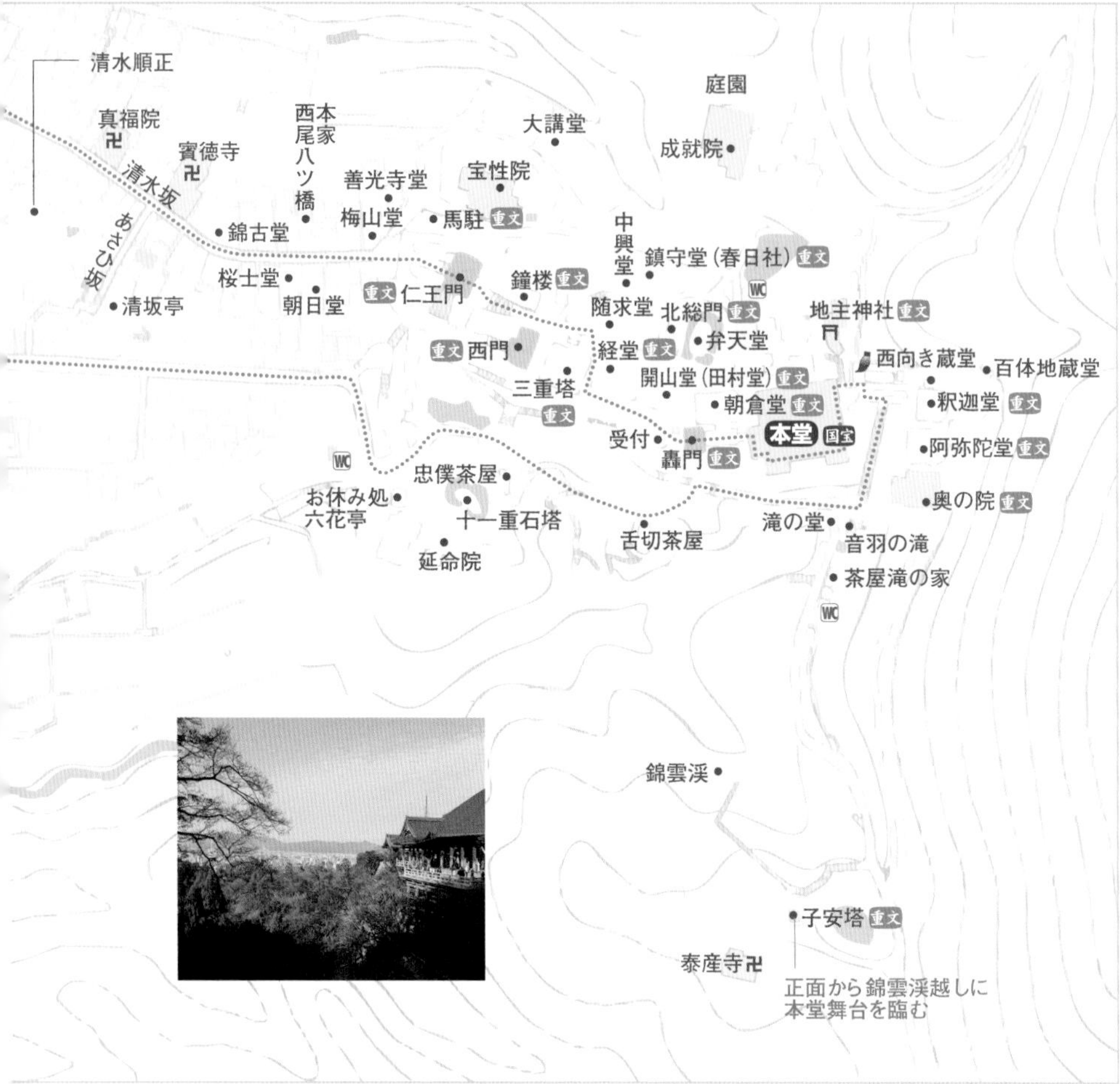
清水順正
真福院
賓徳寺
西本尾家八ツ橋
大講堂
庭園
成就院
清水坂
あさひ坂
善光寺堂
宝性院
錦古堂
梅山堂
馬駐 重文
中興堂
鎮守堂（春日社）重文
桜士堂
朝日堂
重文 仁王門
鐘楼 重文
清坂亭
随求堂
北総門 重文
地主神社 重文
弁天堂
重文 西門
経堂 重文
西向き蔵堂
百体地蔵堂
三重塔 重文
開山堂（田村堂）重文
朝倉堂 重文
釈迦堂 重文
本堂 国宝
受付
轟門 重文
阿弥陀堂 重文
忠僕茶屋
お休み処 六花亭
十一重石塔
舌切茶屋
滝の堂
音羽の滝
奥の院 重文
延命院
茶屋滝の家
錦雲渓
子安塔 重文
泰産寺
正面から錦雲渓越しに
本堂舞台を臨む

よりみち

舌切茶屋

月照を守り安政の大獄で捕らえられた近藤正慎が獄中で自害したことで、その妻子が境内で営業を許されたお茶屋。抹茶（菓子付）700円、ところてん500円などのメニューがある。

🏠京都市東山区清水 1-294　清水寺境内
☎非公開
🕘9：00～17：00、不定休

忠僕茶屋

清水寺境内にある文久2（1862）年創業の茶屋。昔ながらの味わいの甘酒500円、ぜんざい800円、わらび餅500円などの甘味のほか、きつねうどん800円やざるそば800円も味わえる。

🏠京都市東山区清水 1-294　清水寺境内
☎075-551-4560
🕘9：00～17：00、不定休

境内図
西光寺卍
七味屋本舗
京都市清水坂
観光駐車場
ホテルグラン
京都清水
岩月堂
梅花堂
安祥院
卍
来迎院
経書堂
五条坂
清水新道（茶わん坂）
きよみず
京都陶磁器会館
五条坂
バス停
宏山寺卍
東山五条
卍
實報寺
本寿院卍
妙見堂
松田花屋
通妙寺卍
卍大谷本廟
本廟会館
五円玉
40m
80m

買 みなとや幽霊子育飴本舗

昔ながらの製法で手作りしている飴。その昔、亡くなって幽霊となった母が、この世に残した赤子を育てるために買い求めたというこいわれが残る。幽霊子育飴300円・500円、宇治茶各種500円。

子育飴
幽霊子育飴
京名物

京都市東山区松原通大和大路東入2丁目轆轤町80-1　075-561-0321
10：00〜16：00、無休

見 地主神社

創建年代は日本の建国以前とされ、縁結びの神様として信仰が厚い。二つの石の間を目を閉じて歩き、無事にたどり着けば恋が叶う「恋占いの石」がある。本殿、拝殿、総門は重要文化財。

地主神社
恋占いの石

京都市東山区清水1-317
075-541-2097
9：00〜17：00、無休

第17番札所　補陀洛山《ふだらくさん》　六波羅蜜寺《ろくはらみつじ》

重くとも　五つの罪は　よもあらじ　六波羅堂へ　参る身なれば

◆**宗　派**　真言宗智山派　◆**ご本尊**　十一面観世音菩薩

鎌倉時代の様式を伝える本堂は、国の重要文化財

住所	京都府京都市東山区五条通大和大路上ル東
電話番号	075-561-6980
拝観時間	8：00～17：00（宝物館拝観受付8：30～16：30）
納経時間	8：00～17：00
拝観料	なし（宝物館は600円）
駐車場	なし
URL	http://www.rokuhara.or.jp/
バリアフリー	境内は車椅子の移動が可能。車椅子用トイレなし（洋式あり）

願いを込めて回す「一願石」

アクセス●JR京都駅より市バス206系統で約10分、清水道下車、徒歩約6分。京阪本線清水五条駅より徒歩約８分。阪急京都線河原町駅より徒歩約15分

車／名神高速道路京都東ICより国道1号を経由し、六波羅門通を烏丸通方面へ。京都東ICより約７km

歳時記

正月：初詣・皇服茶授与／2月：節分会追儺式／8月8～10日：萬燈会厳修／11月：弁財天巳成金特別祈願会／12月13～31日：空也踊躍念仏厳修

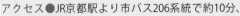

「市の聖」空也上人が開基
木造彫刻仏像の宝庫

寺の開基は、「市の聖」と呼ばれて庶民から慕われた空也上人。天暦5年（951）、当時京都に流行した悪疫退散のため、自ら十一面観音像を刻み、仏像を車に安置して市中を曳き回り、「皇服茶《おうぶくちゃ》」を病者に授け、歓喜踊躍しつつ念仏を唱えてついに病魔を鎮めたという。亡くなった人々を供養するために一堂を建て、その尊像を安置したのが寺の始まりだと伝わる。当初は西光寺と呼ばれたが、仏教で六種の修行を意味する言葉「六波羅蜜」から寺号を改称した。平安後期、広大な境域内には権勢を誇る平家一門の邸宅が建ち並んだが、寿永2年（1183）、平家没落時に兵火を受け、本堂のみを残して焼失。源頼朝、足利義詮によって再興修復されたが、応仁の乱でも焼失し、豊臣秀吉や徳川家によって復興された。

平清盛の供養塔

都七福神の一つ、弁財天が祀られている

銭洗い弁財天
銭洗い弁財天

縁結び観世音菩薩像

寺に山門はなく、京都の町家の佇まいになじむような雰囲気で、入って右手にある本堂は朱色が鮮やかな本瓦葺き寄棟造り。本尊の十一面観世音菩薩像（国宝）は、上人が市中を曳き歩いたときの観音像とされ、平安時代の作。十二年に一度、辰年にだけ開帳される。本堂裏手の宝物館には、念仏を唱える口から六体の阿弥陀が現れた伝承を表現した空也上人立像のほか、経を手にした平清盛坐像、仏師として一時代を築いた慶派の運慶《うんけい》・湛慶《たんけい》父子の坐像など、国宝、重文に指定された、平安から鎌倉時代の木像彫刻の名宝が数多く安置されている。

境内図
西福寺
六道之辻
P
銭洗弁天像
地蔵堂
宝物館
重文
本堂
平清盛公乃塚
地蔵尊
十一面観音立像
弁天堂
受付
本坊
客殿
40m

第18番 札所

紫雲山《しうんざん》 頂法寺《ちょうほうじ》（六角堂《ろっかくどう》）

わが思う　心のうちは　六の角　ただ円かれと　祈るなりけり

◆宗　派　天台系単立　◆ご本尊　如意輪観世音菩薩

隣接の WEST18 ビルから六角堂の屋根が見られる

住　　所　京都府京都市中京区六角通東洞院西入堂之前町248
電話番号　075-221-2686
拝観時間　6：00〜17：00
納経時間　8：30〜17：00
拝 観 料　なし
駐 車 場　なし
U R L　http://www.ikenobo.jp/rokkakudo/
バリアフリー　境内は段差はあるものの、介助があれば車椅子での参拝が可能。車椅子用トイレなし

十六羅漢

アクセス●京都市営地下鉄烏丸線・東西線烏丸御池駅5番出口より徒歩約３分。阪急京都線烏丸駅21番出口より徒歩約５分
車／名神高速道路京都南ICより国道１号を京都市街地方面へ、堀川五条交差点を右折し、烏丸五条交差点を左折する。京都南ICより約７km

歳時記

1月5日：初生け式／4月8日：花まつり／4月中旬：春のいけばな展／7月下旬：唐崎明神祭／11月中旬：旧七夕会
4月：シダレザクラ／11月：紅葉

創建は聖徳太子
いけばな発祥の古刹

用明天皇2年（587）、聖徳太子が四天王寺建立の用材を求めてこの地を訪れたとき、泉をみつけて沐浴した。沐浴後、護持仏が木から離れず光を放つお告げがあった。そこで太子は六角堂を建て、護持仏を祀ったのが寺の始まりと伝わる。

京都の坪庭を連想させる境内

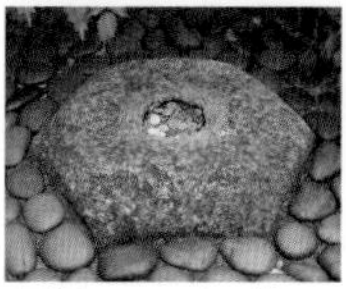
直径40cmほどの「へそ石」

合掌地蔵

縁結びの柳

この護持仏が現在の本尊、高さ5.5センチメートルの如意輪観世音菩薩だ。太子が沐浴したと伝わる池跡のほとりに、小野妹子が始祖の池坊と呼ばれる住坊があった。池坊の僧侶が本尊に花を供え、それがいけばなの発祥とされ「華道家元池坊」となった。古来より、この寺の住職は代々、池坊の家元が務めている。また建仁元年（1201）、比叡山で修行していた親鸞がこの寺に百日参籠し、夢のお告げで浄土真宗を開くもとになったと伝わる。

地元の人から「六角さん」と呼ばれ親しまれているこの寺は、賑やかなビジネス街にある。本堂は通称「六角堂」といわれる六角形の堂。創建以来幾度も焼失したが、その都度再建され、現在の建物は明治10年（1877）の建築だ。本尊は秘仏で、木像の御前立ちと平安末期作の毘沙門天（重文）などを安置している。

本堂前にある六角形の石は、かつてここが京都の中心地だったことから「へそ石」と呼ばれる。平安遷都のとき、寺が道路の中央にあったため、桓武天皇の勅使が移動を祈願したところ、一夜にして堂が礎石ひとつ残して北へ15メートル退いたという逸話も残る。

境内図
池坊会館
WC
太子沐浴の池跡
太子堂
烏丸通
本堂
十六羅漢
WEST 18
へそ石
親鸞堂
石不動
花心院
山門
茶所
六角通
鐘楼
P
東洞院通

第19番
札所

霊麀山《れいゆうざん》 行願寺《ぎょうがんじ》（革堂《こうどう》）

花を見て　いまは望みも　革堂の　庭の千草も　盛りなるらん

◆**宗　派**　天台宗　◆**ご本尊**　千手観世音菩薩

秘仏の千手観世音菩薩像は行円上人が賀茂明神から授かった神木で刻んだとされる

住　　所	京都府京都市中京区寺町通竹屋町上ル行願寺門前町17
電話番号	075-211-2770
拝観時間	8：00〜17：00
納経時間	8：00〜17：00
拝 観 料	なし
駐 車 場	なし
バリアフリー	境内は車椅子で拝観可能だが、本堂は階段あり。車椅子用トイレなし

アクセス●京阪鴨東線神宮丸太町駅より徒歩約20分。京都市営地下鉄烏丸線丸太町駅より徒歩約20分

車／名神高速道路京都南ICより国道１号を経由し、堀川通を京都市街地方面へ、堀川丸太町交差点を右折し、丸太町通へ。京都南ICより約７km

歳時記

1月1・2日：節分、七福神めぐり／1月17・18日：初観音御開帳／2月15日：涅槃会／8月21〜23日：幽霊絵馬供養／11月下旬：紅葉

革聖・行円上人が創建 西国札所唯一の尼寺

寺は都七福神の一つでもある

七福神の石像も安置されている

行願寺という正式名よりも「革堂」や「こうどうさん」の通称で親しまれている。開祖は、行円上人《ぎょうえんしょうにん》。出家前は狩人だった行円は、自分が射止めた鹿の腹で子が生きているのを見て殺生を悔い仏門に入った。上人はいつも、殺した母鹿の皮で作った衣をまとい、苦しむ人たちを助け仏の道を説いて回ったため、「革上人」もしくは「革聖《かわひじり》」と呼ばれ親しまれた。上人は、3年を費やし夢で告げられた賀茂社の霊木で八尺の千手観音を刻んだ。それが一条天皇の耳に入り、上人のために一堂の建立を認め、寛弘元年（1004）、本堂が完成したそうだ。寺はもともと一条油小路にあったが、豊臣秀吉による寺町造営で寺町荒神口へ移築し、さらに宝永5年（1708）の大火で現在地に移転した。

本堂は本瓦葺き入母屋造りで、本尊は2.5メートルの千手観世音菩薩像。秘仏ながら毎年1月17、18日に開扉される。宝物館には、奉公先の主人に殺された娘を絵馬に描いて奉納したといわれる幽霊絵馬が今も残る。縦1.5メートル、横1メートルの杉板で、手鏡がはめられた絵馬は、毎年8月22、23日に一般公開される。

寺は古くから信仰されている都七福神のひとつで、境内には寿老人《じゅろうじん》を祀った寿老人神堂が建ち、初詣や毎月7日の都七福神縁日には、長寿延命を祈願する多くの人が訪れる。

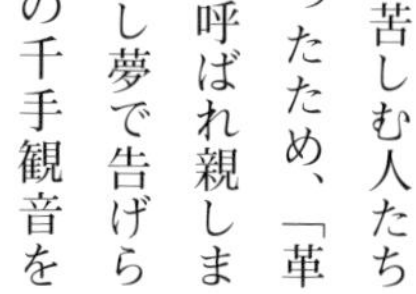
幽霊絵馬が収められる宝物館

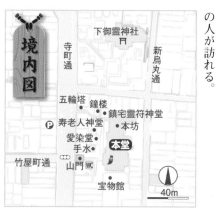

見 大原野神社

奈良・春日大社と同じ藤原氏の氏神を祀ることから「京春日」ともいわれる神社。藤原氏の一族では女が生まれると、中宮や皇后になれるように、この社に祈ったとされる。紅葉の名所でもある。

🏠京都市西京区大原野南春日町1152
☎075-331-0014　⏲境内自由

買 よしみね乃里

タケノコ、松茸など旬の地元野菜やそれらを使った自家製京漬物、京佃煮を販売。食事処では、春は筍のおさしみセット2300円（税別）、秋は松茸ごはんセットがおすすめ。

🏠京都市西京区大原野小塩町703
☎075-331-5521　⏲9:00～17:00、火曜休（春・秋のシーズンは無休）

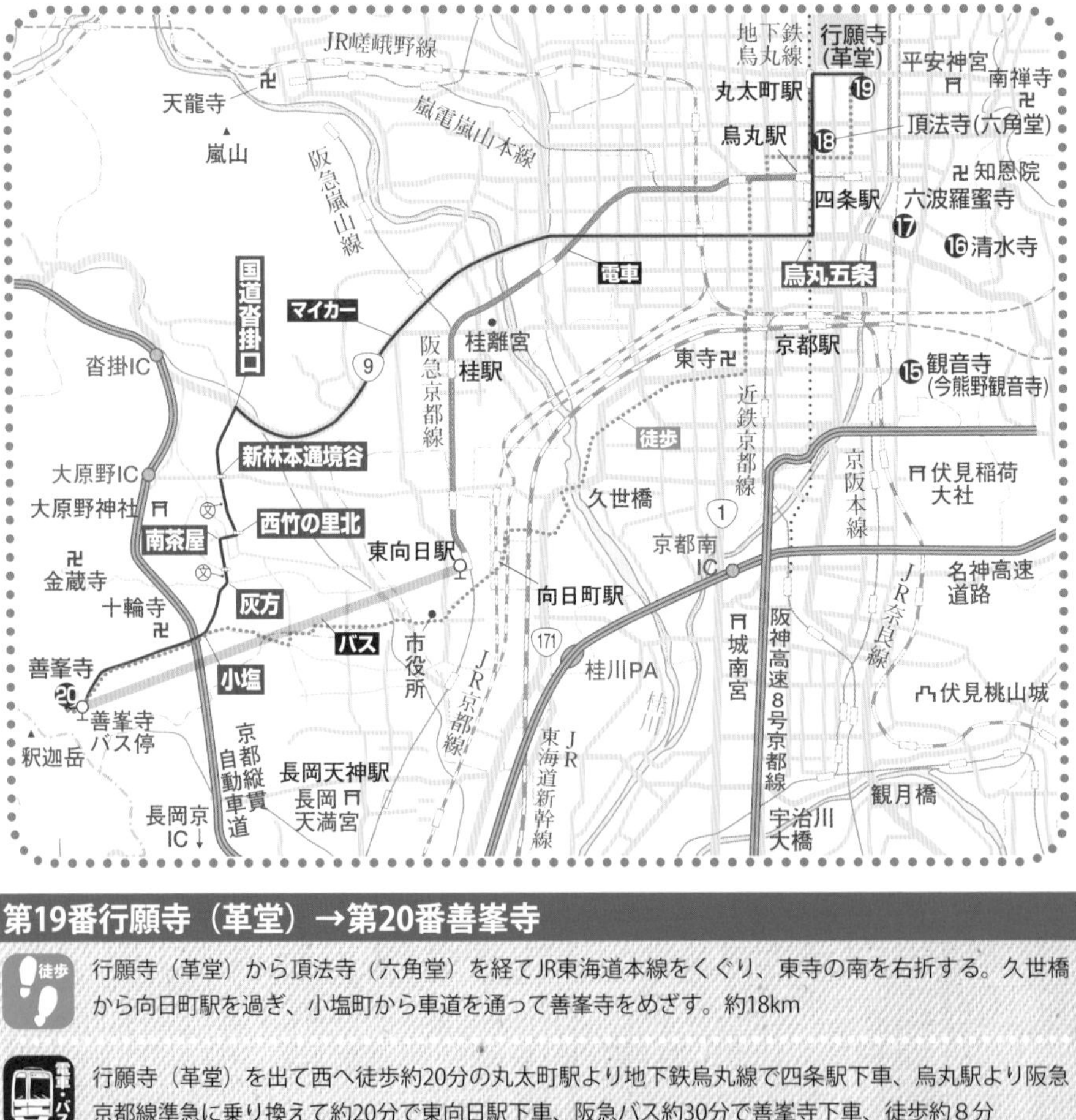

第19番行願寺（革堂）→第20番善峯寺

徒歩　行願寺（革堂）から頂法寺（六角堂）を経てJR東海道本線をくぐり、東寺の南を右折する。久世橋から向日町駅を過ぎ、小塩町から車道を通って善峯寺をめざす。約18km

電車・バス　行願寺（革堂）を出て西へ徒歩約20分の丸太町駅より地下鉄烏丸線で四条駅下車、烏丸駅より阪急京都線準急に乗り換えて約20分で東向日駅下車、阪急バス約30分で善峯寺下車、徒歩約８分

マイカー　行願寺（革堂）より京都市街地を南へ。烏丸五条交差点を右折して国道９号を西へ。国道沓掛口交差点を左折、小塩町から府道を西へ上り善峯寺をめざす。約19km、約40分

第20番 札所

西山《にしやま》 善峯寺《よしみねでら》

野をもすぎ　山路にむかふ　雨の空　よしみねよりも　晴るる夕立

◆宗　派　天台宗単立　◆ご本尊　千手観世音菩薩

元禄5年（1692）建立の観音堂（本堂）

住所	京都府京都市西京区大原野小塩町1372
電話番号	075-331-0020
拝観時間	8：30～17：00（土日祝日は8：00～）入山は～16：45
納経時間	8：30～17：00（土日祝日は8：00～）
拝観料	500円
駐車場	150台（500円）
URL	http://www.yoshiminedera.com/
バリアフリー	境内は坂道や石段が多く、車椅子での境内全域の拝観は難しい。車椅子用トイレなし

アクセス●JR向日町駅・阪急東向日駅より阪急バス66番善峯寺行きで約30分、善峯寺下車、山門まで徒歩約8分

車／京都縦貫自動車道大原野IC（大山崎方面出入口専用）・沓掛IC（丹波方面出入口専用）より、府道10号を経て、小塩交差点を右折、府道208号に入り約2.5km（大原野ICより約15分、沓掛ICより約20分）

歳時記

1月2日:修正会　大般若転読法要／4月:サクラ／6月中旬～7月上旬:アジサイ／11月:紅葉

境内から京都の町を一望できる桜やアジサイ、紅葉の名所

　長元2年（1029）、比叡山の恵心僧都の高弟である源算上人が、西山の中腹のこの地に小堂を建て、自ら千手観世音菩薩像を刻み本尊として創建したのが寺の起こりといわれる。その後、後一条天皇より鎮護国家の勅願所と定められ、良峯寺の寺号を下賜された。建久3年（1192）に、後鳥羽天皇より現在の善峯寺の寺額を賜り寺名が改められた。歴代天皇からの崇敬を受け、室町時代には52もの僧房を有し栄えたが、応仁の乱により衰退。江戸時代に、徳川五代将軍綱吉の母・桂昌院の寄進により、現在ある堂塔の多くが再建された。

　釈迦岳の標高310メートルのところにある善峯寺は、山の斜面に堂塔が点在するため坂が多い。約3万坪の境内は一巡すると40分ほどかかるが、回遊式庭園となっており、樹木に覆われ、桜や紅葉、アジサイなど、季節の花々が美しい。急な石段の参道を上って堂々とした山門、さらに石段を上ると本堂に着く。本尊の千手観世音菩薩は仁弘法師の作、脇本尊の千手観世音菩薩は源算上人の作といわれる。本堂横の石段を上った多宝塔の前には、日本一の松ともいわれる全長37メートルの「遊龍の松」（天然記念物）が茂る。さらに上ると石仏が安置された釈迦堂、けいしょう殿があり、石段を上って奥の院薬師堂、下りて阿弥陀堂と一巡できる。開山堂、釈迦堂、薬師堂からは京都市内の眺望が楽しめる。

楼下に運慶作の金剛力士像を祀る山門

樹齢600年の「遊龍の松」

けいしょう殿の桂昌院像

多宝塔（重要文化財）と経堂

春は枝垂れ桜、夏はアジサイが一帯を彩る

合掌姿の石仏が安置された釈迦堂

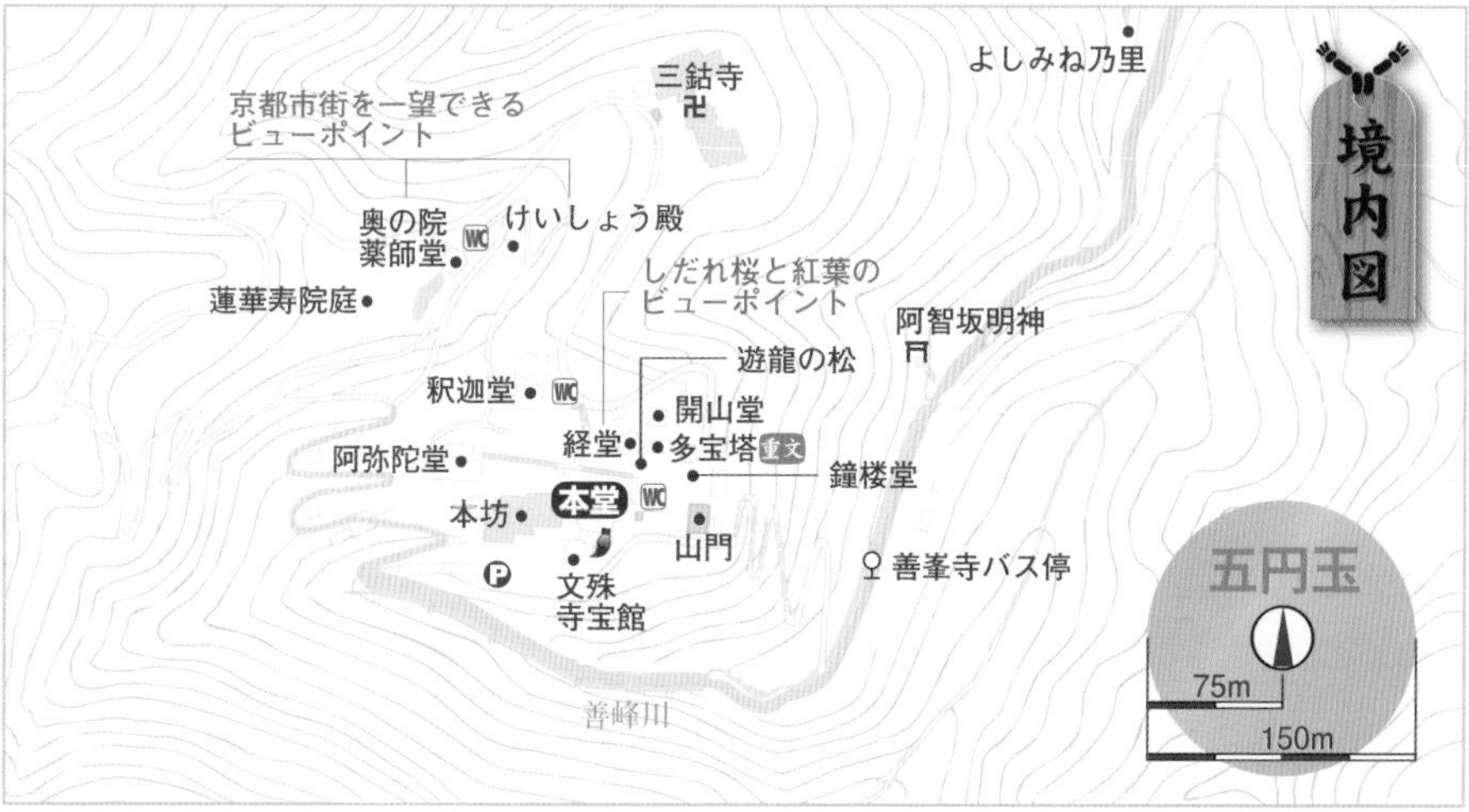
境内図
三鈷寺
よしみね乃里
京都市街を一望できる
ビューポイント
奥の院
薬師堂
けいしょう殿
蓮華寿院庭
しだれ桜と紅葉の
ビューポイント
阿智坂明神
遊龍の松
釈迦堂
開山堂
経堂
多宝塔
重文
阿弥陀堂
鐘楼堂
本坊
本堂
山門
善峯寺バス停
文殊
寺宝館
善峰川
五円玉
75m
150m

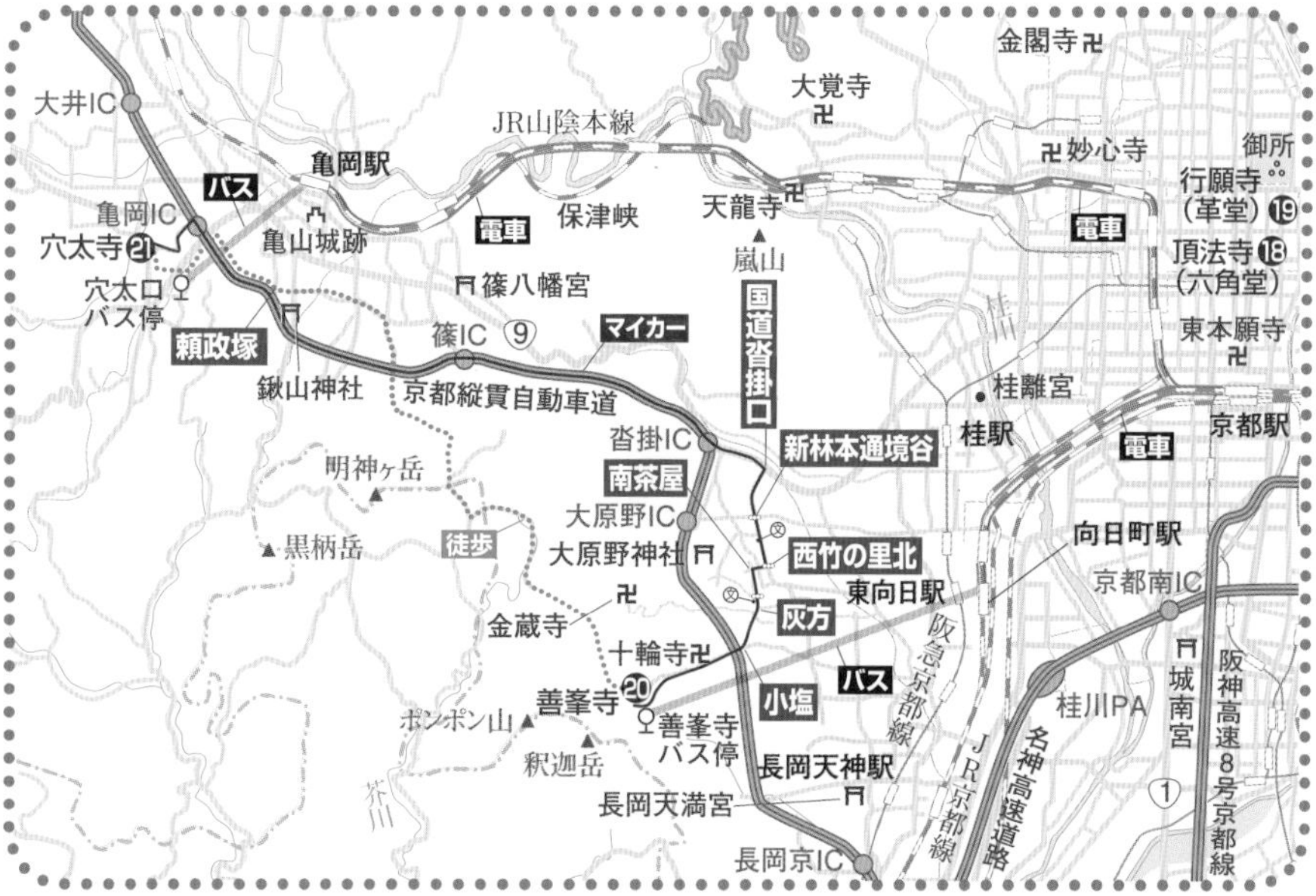
金閣寺
大覚寺
大井IC
JR山陰本線
亀岡駅
妙心寺
御所
行願寺
(革堂)
頂法寺
(六角堂)
バス
亀岡IC
穴太寺
亀山城跡
電車
保津峡
天龍寺
嵐山
穴太口
バス停
頼政塚
篠八幡宮
篠IC
マイカー
国道沓掛口
東本願寺
鍬山神社
京都縦貫自動車道
桂離宮
桂川
沓掛IC
桂駅
京都駅
新林本通境谷
南茶屋
明神ヶ岳
大原野IC
向日町駅
黒柄岳
徒歩
大原野神社
西竹の里北
東向日駅
京都南IC
金蔵寺
灰方
阪急京都線
十輪寺
城南宮
善峯寺
バス
小塩
桂川PA
阪神高速8号京都線
ポンポン山
善峯寺
バス停
名神高速道路
釈迦岳
長岡天神駅
JR京都線
芥川
長岡天満宮
長岡京IC

第20番善峯寺→第21番穴太寺

徒歩

善峯寺から府道208号を北へ歩き、府道733号に出たら左折、中畑回転場から寒谷に向かう山道を下り、東つつじヶ丘を西へ。頼政塚付近を通り穴太寺をめざす。約17km

電車・バス

JR向日町駅からJR京都線で約８分、京都駅でJR山陰線快速に乗り換えて約19分、亀岡駅下車。京都交通バス穴太寺行きで約７分、穴太寺前下車すぐ

マイカー

沓掛ICより京都縦貫自動車道へ入り亀岡IC下車、国道423号と府道407号を経由して穴太寺へ。約20km。亀岡ICより約５分

第21番札所

菩提山《ぼだいさん》　穴太寺《あなおうじ》

かかる世に　生まれあふ身の　あな憂やと　思はで頼め　十こゑ一聲

◆宗　派　天台宗　　**◆ご本尊**　聖観世音菩薩

江戸中期再建の風格ある本堂

住　所	京都府亀岡市曽我部町穴太東ノ辻46
電話番号	0771-24-0809
拝観時間	8：00～17：00
納経時間	8：00～17：00
拝観料	なし（本堂・庭園セット拝観は500円、各拝観は300円）※冬期庭園拝観休止期間あり
駐車場	75台（500円）
バリアフリー	仁王門右手より、スロープで境内に入れる。境内は車椅子での拝観は可能だが、本堂には階段がある。車椅子用トイレなし

アクセス●JR亀岡駅より京阪京都交通バス穴太寺線で穴太寺前下車すぐ、または京都先端科学大学行きで穴太口下車、徒歩約10分

車／京都縦貫自動車道亀岡ICより国道372号と府道407号を経由して約1.6km。亀岡ICより約５分

歳時記

1月3日：福給会／2月3日：節分会星祭／8月9日：精霊会
5月：サツキ・ボタン／6月：クルメツツジ

身代わり観音となで仏で知られる丹波屈指の古刹

寺伝によると、創建は慶雲2年（705）。文武天皇の勅願により大伴古麿が薬師如来を本尊として創建したと伝わる。縁起によると、その後の平安時代に、郡司の宇治宮成が妻の勧めで、都より仏師感世を招き、聖観世音菩薩を造立。

白い土塀に囲まれた山門

布団を掛けられた木彫の釈迦如来大涅槃像

仏師に礼として愛馬を与えたが、馬が惜しくなり、先回りして仏師を射殺し、馬を奪い返した。家に帰ると、先ほど放った矢が聖観世音菩薩の胸に刺さり、目から赤い涙が流れていた。宮成は観音さまが身代わりになられたと罪を悔い、寺を再興し、聖観世音菩薩を本尊に安置したと伝わる。その後兵火により焼失したが、現在の堂宇は江戸時代中期から末期に再建された。

仁王門をくぐると、こじんまりとした境内の正面に本堂、左手に多宝塔と観音堂、右手に鐘楼、地蔵堂、念仏堂などが建ち並ぶ。本堂厨子内に安置されている本尊の聖観世音菩薩像は、33年に一度開帳される秘仏。本堂脇に布団を掛けて横たわる木彫釈迦涅槃像も、諸病悉除の「なで仏」と信仰を集めている。自分の病の箇所と同じ部分をなで、自分の体をなで返すとご利益があるとされる。本堂と渡り廊下でつながる本坊の庭園は、丹波地方屈指の名園といわれる府指定名勝。優美な多宝塔を借景に築山を設け、石組みとサツキの刈り込みを配した、池泉観賞築山式庭園が望める。

文化元年（1804）再建の美しい多宝塔

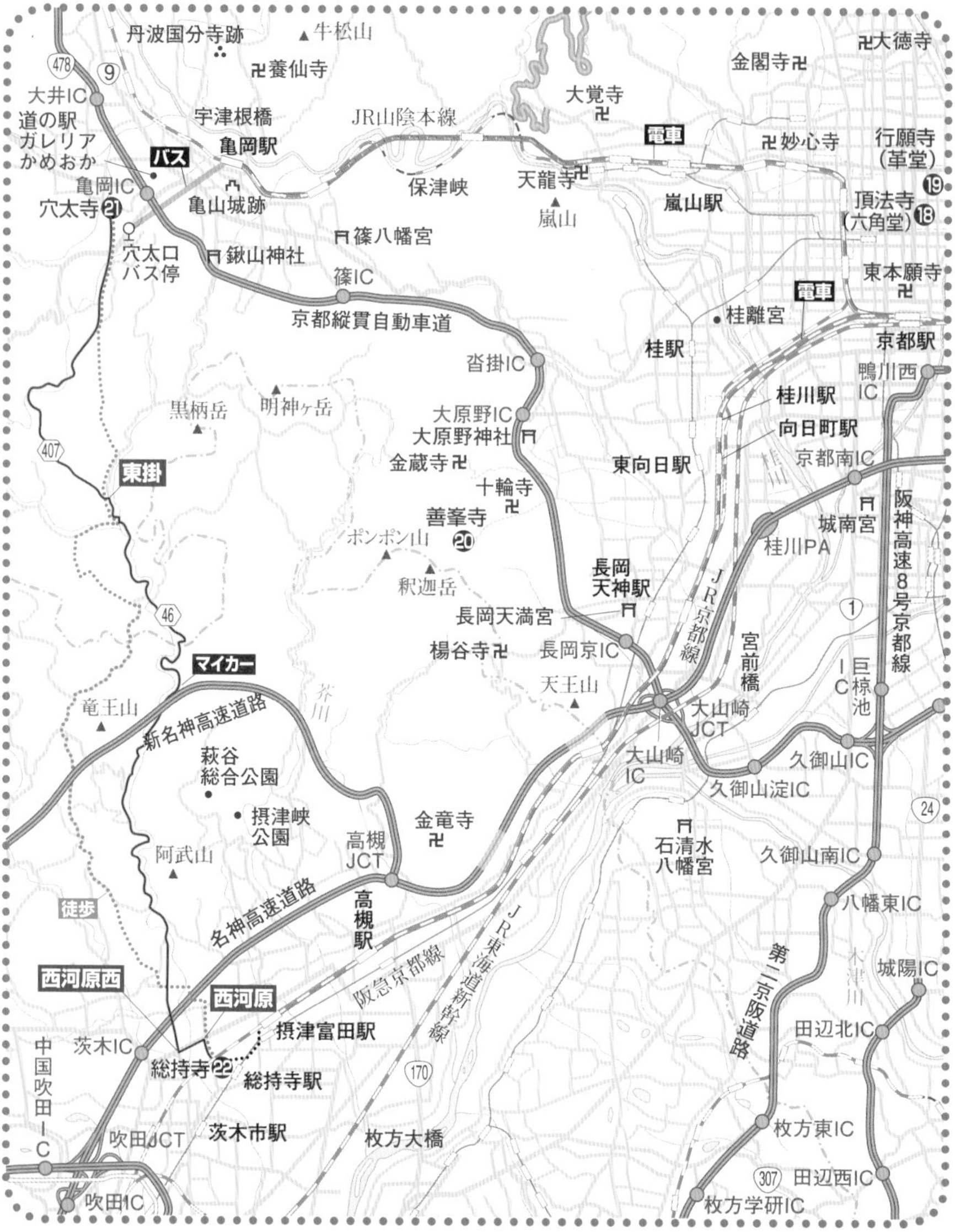

第21番穴太寺→第22番総持寺

徒歩

穴太寺から府道407号を南へ東掛交差点の先から、竜王山の西側を歩き忍頂寺を越えさらに南下、名神高速道路をくぐり、国道171号を渡り総持寺へ。約30km

電車・バス

穴太寺から京都交通バス約10分で亀岡駅まで戻り、JR山陰本線快速約20分で京都駅、JR東海道本線に乗り換え約25分で摂津富田駅下車、徒歩約18分

マイカー

府道407号を南下、東掛交差点を右折、府道46号を経て西河原西交差点を左折、国道171号に入り西河原交差点を右折し総持寺へ。約29km、約60分

第22番 札所

補陀洛山《ふだらくさん》　総持寺《そうじじ》

おしなべて　老いも若きも　総持寺の　ほとけの誓い　頼まぬはなし

◆宗　派　高野山真言宗　　◆ご本尊　千手観世音菩薩

慶長８年（1603）に豊臣秀頼が再建した本堂

住　　所	大阪府茨木市総持寺1-6-1
電話番号	072-622-3209
拝観時間	6：00～17：00
納経時間	8：00～17：00
拝 観 料	なし
駐 車 場	20台（有料）
U　R　L	http://www.sojiji.or.jp/
バリアフリー	車椅子対応の駐車場があり、境内までスロープを完備。境内は車椅子での拝観可能。境内入口に車椅子用トイレあり

アクセス●阪急京都線総持寺駅、JR総持寺駅より徒歩約５分

車／名神高速道路茨木ICより国道171号を京都方面へ。西河原交差点を右折し、府道126号を南へ。JRの高架をくぐり、案内板にしたがって進む。茨木ICから約３km

歳時記

4月15～21日：本尊御開扉／4月18日：山蔭流庖丁式／7月土用丑：きゅうり加持会／8月18日：施餓鬼会

料理技術の上達を願う 動物にゆかりの深い寺

亀に乗った観音様のお寺として有名な総持寺は、料理の名人であった藤原山蔭の創建。『今昔物語』に登場する「亀の報恩」によると、幼いころに川に落ちて行方不明になった山蔭卿が、大きな亀の背中に乗って帰ってきた。山蔭卿が川に落ちる前の日に、父の高房卿が捕えられていた大亀を自分の着物と交換して逃がしてやったことから、その亀によって助けられたという話が残る。このことに深く感謝した高房卿は、観音様の造立を発願するが、果たせぬうちに亡くなった。その遺志を山蔭卿が継ぎ、千手観世音菩薩を造立。その姿は亀の背中に乗ったもので、境内中央の池に亀がたくさん泳いでいるのもその縁起によるものといわれる。また、観音様によって子どもが救われたことから、子育てや厄よけの観音様としても親しまれている。本尊は秘仏で、毎年4月15日から21日の間だけ開扉される。

仏師が千手観世音菩薩を彫る千日間の間、山蔭卿が毎日違う料理を作ったことは、「中納言の千日料理」として知られている。また、平安時代に宮中料理の諸作法を整えたことから庖丁道の祖とされ、全国の調理師から信仰を集めた。本堂の左手奥には包丁塚があり、料理人の包丁から一般の包丁まで、感謝を込めて奉納される。本堂前の池のそばには開山堂が建ち、毎年4月18日には、古式に則った「山蔭流庖丁式」が執り行われている。

山門

薬師如来を祀る金堂

ぼけ封じの慈悲観音

弘法大師を祀る大師堂

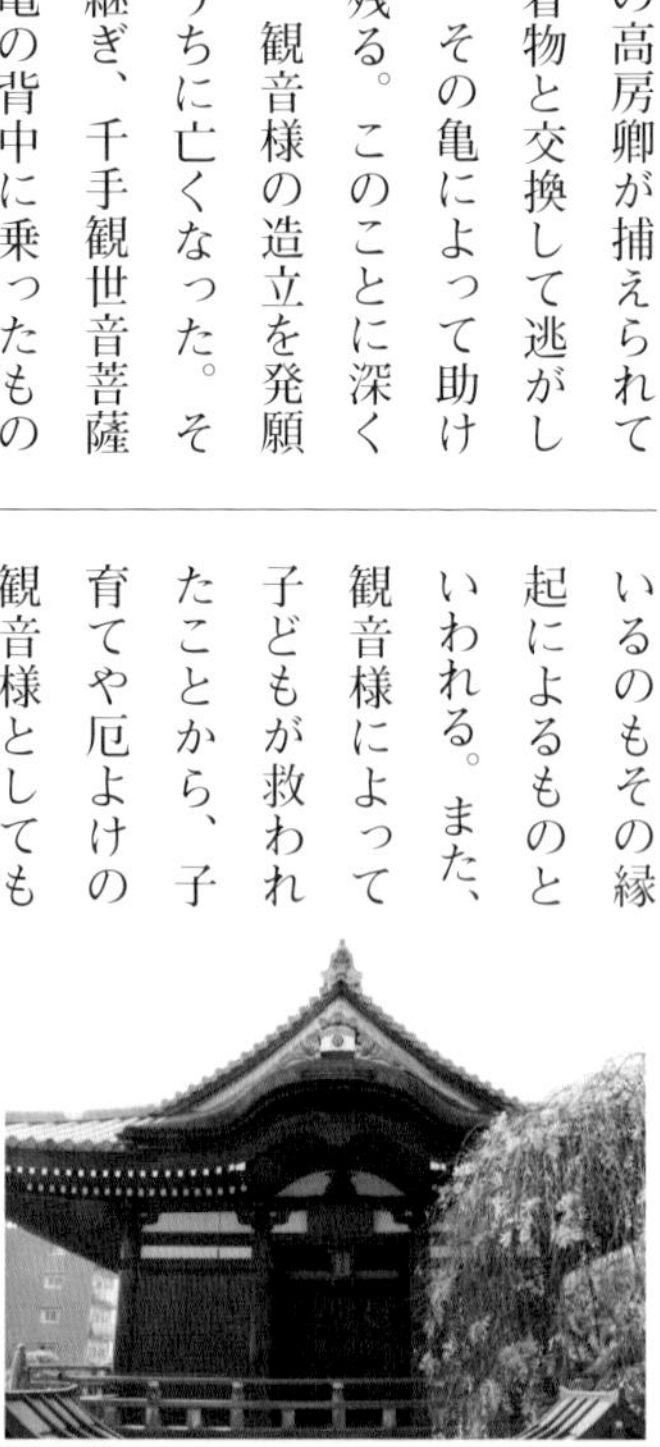
開山堂

よりみち potala（ポタラ）

境内にあるカフェレストラン。総持寺の山号、補陀洛山《ふだらくさん》のサンスクリット語が店名の由来。コーヒーなどのほか、庖丁道山蔭流の流れをくむ調理師が腕をふるうランチが楽しめる。

茨木市総持寺 1-6-1　072-623-2277
9：00 ～ 16：00（ランチは 11：00 ～ 14：00）、不定休（年末年始は休み）

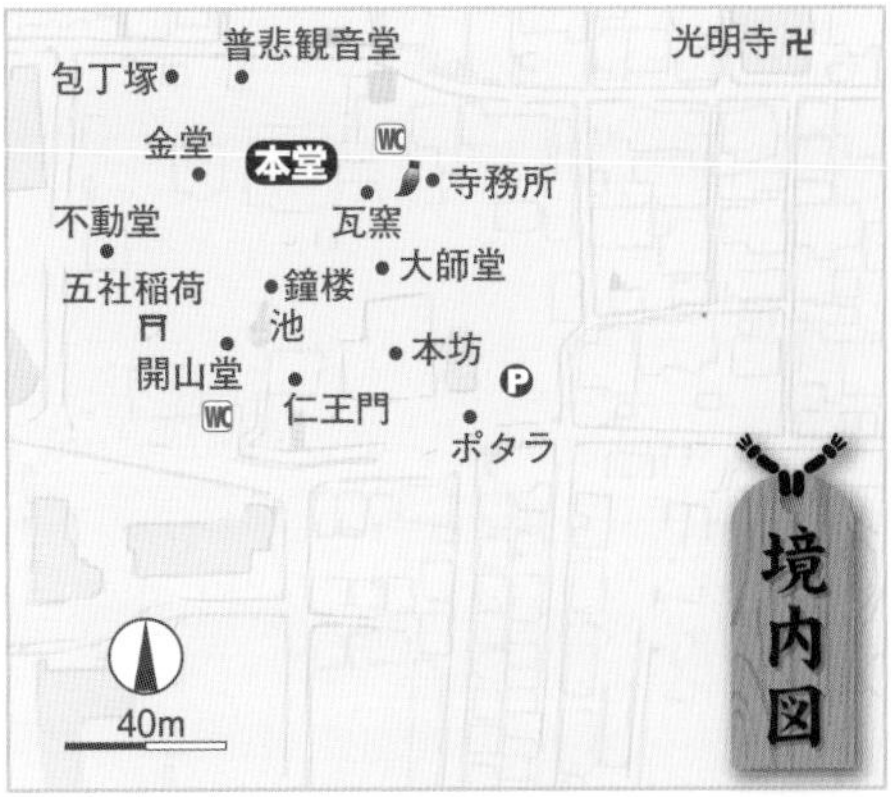

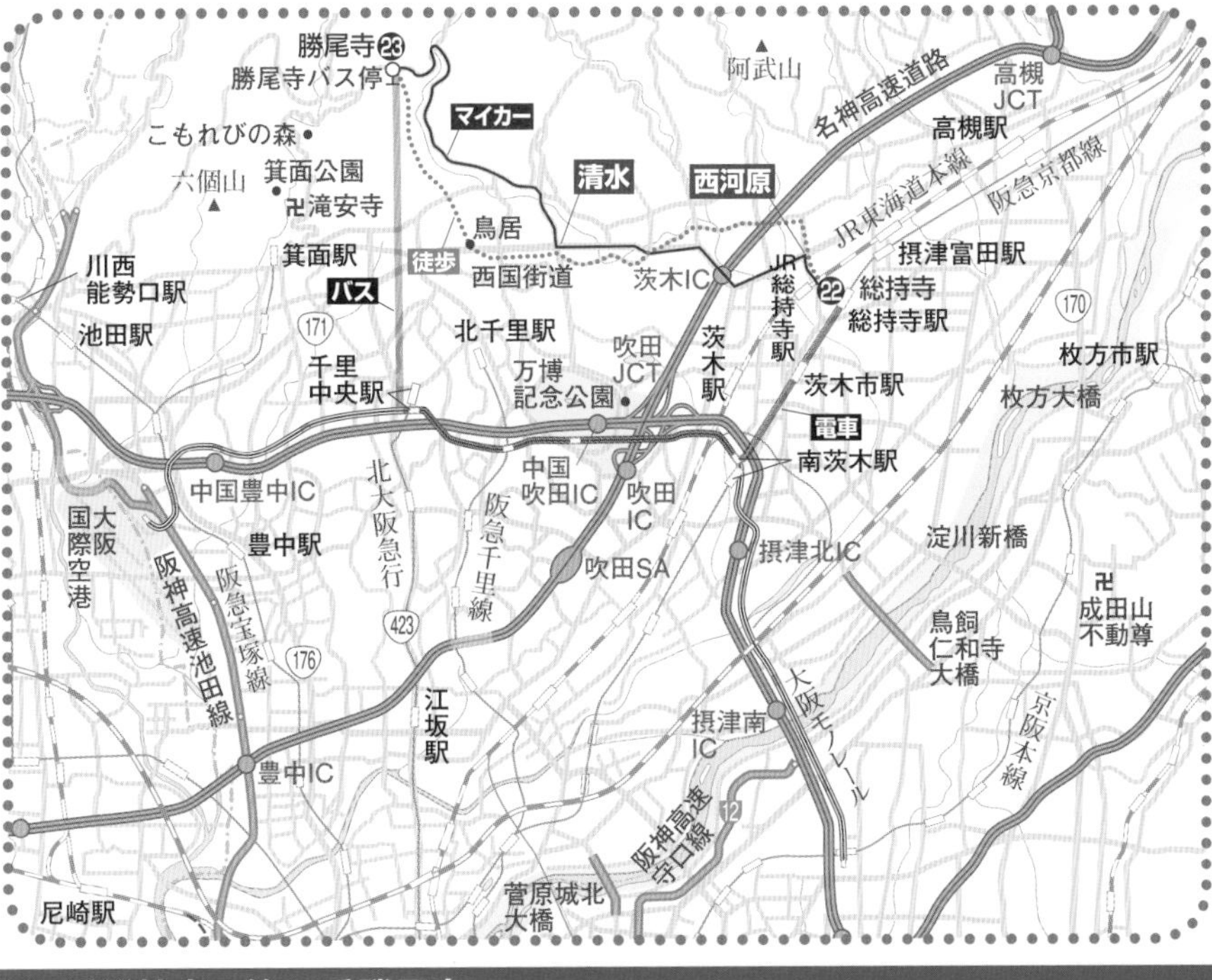

第22番総持寺→第23番勝尾寺

徒歩　総持寺から国道171号を渡り、西国街道の道標とカラー舗装にしたがって西へ歩く。鳥居が見えたら右折して参道へ。山道を登って勝尾寺を目指す。約13km

電車・バス　総持寺駅より阪急京都線で約5分、南茨木駅で大阪モノレール大阪空港線に乗り換えて約10分、千里中央駅下車。阪急バス29系統で約31分、勝尾寺下車すぐ

マイカー　総持寺から北へ、国道171号を左折し、清水交差点を右折。勝尾寺の案内表示に従って府道を上る。約14km、約30分

第23番
札所

応頂山《おうちょうざん》　勝尾寺《かつおうじ》

重くとも　罪には法の　勝尾寺　ほとけを頼む　身こそやすけれ

◆宗　派　真言宗　　◆ご本尊　十一面千手観世音菩薩

豊臣秀頼によって再建された朱塗りの本堂

住　　所	大阪府箕面市勝尾寺
電話番号	072-721-7010
拝観時間	8：00～17：00（土曜は～17：30、日曜・祝日は～18：00）
納経時間	8：00～17：00（土曜は～17：30、日曜・祝日は～18：00）
拝 観 料	400円
駐 車 場	350台（2時間500円）
U　R　L	http://www.katsuo-ji-temple.or.jp/
バリアフリー	車椅子の場合は、本堂まで拝観可能。境内、花の茶屋内に多目的トイレあり

アクセス●北大阪急行千里中央駅より阪急バス29系統で勝尾寺下車すぐ。阪急箕面駅よりタクシーで約15分

車／名神高速道路茨木ICより国道171号を西へ、小野原交差点を右折し、府道４号を北へ。茨木ICから約10km

歳時記

毎月18日：観音縁日特別法要／11月中の土日・祝日紅葉ライトアップ

山と緑に囲まれた ダルマが並ぶ勝運の寺

寺伝によると、奈良時代末期の神亀4年（727）、善仲《ぜんちゅう》・善算《ぜんさん》の双子兄弟が草庵を構えたことに始まり、天平神護元年（765）に光仁天皇の子、開成《かいじょう》皇子が二人に師事して大般若経600巻を理経し、弥勒寺を開いた。開山堂には、善仲・善算と開成皇子の木像が安置されている。

のちに六代座主の行巡《ぎょうじゅん》上人が清和天皇の病気平癒を祈願して効験があったことから、「王に勝った寺」の意味で「勝王寺」の寺名を賜るが、寺側が畏れ多いと王を尾にひかえ、「勝尾寺」の寺名になった。

勝尾寺は大阪北部、明治の森箕面国定公園の中に位置する勝運の寺。自然に囲まれ、しだれ桜やシャクナゲ、アジサイなど四季折々の花々が美しく、「花の寺」としても名高い。朱塗りの仁王門をくぐり、弁天池に架かる橋を渡って石段を上る。豊臣秀頼によって再建された本堂には、宝亀11年（780）に妙観という仏師が彫刻した十一面千手観音菩薩を本尊として安置。7月18日〜8月18日の間に彫り上げたことから、全国で18日が観音縁日に定められる由来となった。

試験やスポーツなど、あらゆる勝負事にご利益がある勝運の寺として信仰され、勝運をつかみとった証としてたくさんの勝ちダルマが奉納棚に並ぶ。また、参拝者が引いたダルマみくじが思い思いに境内のあちこちに置かれ、かわいらしい姿を見せている。そのほか境内には、日本最初の厄払い荒神で知られる三宝荒神堂などが建つ。

堂々たる風格の山門（仁王門）

ぎっしりと並ぶ勝ちダルマ

11月にはライトアップされる

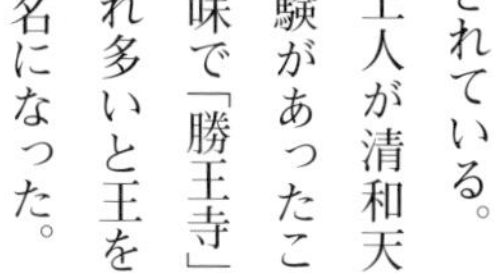
日本最初の厄払い三宝荒神

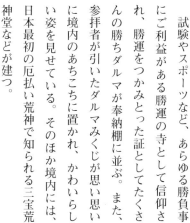

よりみち 花の茶屋

勝尾寺の山門横にあるおみやげ屋。勝尾寺のシンボルであるダルマをモチーフにしたお授けものや、お菓子などのおみやげ類がそろっている。

勝尾寺と同じ　8：00～17：00、無休

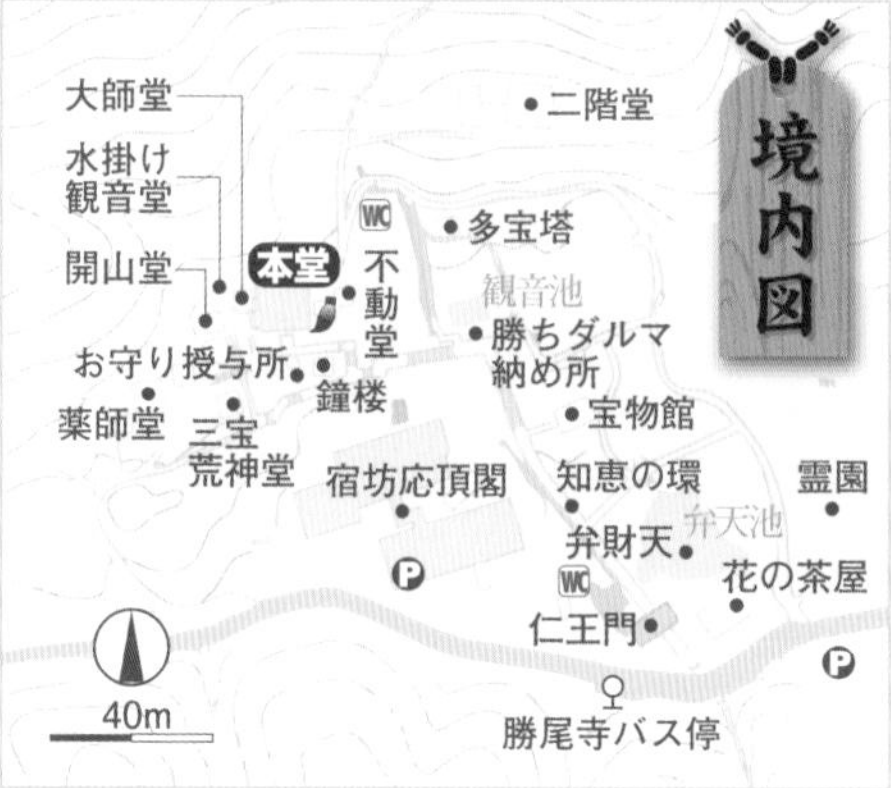

境内図
大師堂
水掛け観音堂
開山堂
本堂
不動堂
二階堂
多宝塔
観音池
勝ちダルマ納め所
お守り授与所
鐘楼
薬師堂
三宝荒神堂
宿坊応頂閣
宝物館
知恵の環
霊園
弁天池
弁財天
花の茶屋
仁王門
40m
勝尾寺バス停

東光寺
一庫ダム
青貝山
竜王山
城山
423
石堂ヶ岡
明ヶ田尾山
大国宮神社
新名神高速道路
能勢電鉄
余野川
勝尾寺
23
勝尾寺バス停
大峰山
箕面大滝
こもれびの森
六個山
箕面公園
滝安寺
バス
川西能勢口駅
中山観音駅
中山寺
最明寺
五月山公園
箕面駅
171
茨木IC
マイカー
山本駅
徒歩
清澄寺
24
千里中央駅
吹田JCT
生瀬駅
川西池田駅
池田駅
電車
大阪モノレール
中国吹田IC
宝塚
中山寺駅
石橋阪大前駅
宝塚駅
塩尾寺
中国池田IC
宝塚IC
423
吹田IC
福知山線
JR
中国豊中IC
阪急今津線
阪急千里線
大阪国際空港
豊中駅
北大阪急行
吹田SA
甲山森林公園
阪神競馬場
伊丹駅
176
171
仁川駅
伊丹駅

第23番勝尾寺→第24番中山寺

徒歩　勝尾寺から府道を箕面大滝に向かって歩き、公園を抜ける。箕面・池田・川西の住宅街を歩き、阪急宝塚線の北側に出て、中山寺をめざす。約17km

電車・バス　勝尾寺からバスで約31分、千里中央駅に戻り、大阪モノレールで蛍池駅下車、阪急宝塚線に乗り換えて、中山観音駅下車すぐ

マイカー　勝尾寺から府道4号を下り、住宅街に出たら信号を右折。府道9号で五月山公園を過ぎ、国道176号を宝塚方面へ。約19km、約40分　※11月は一部交通規制あり

第24番
札所

紫雲山《しうんざん》 中山寺《なかやまでら》

野をもすぎ　里をもゆきて　中山の　寺へ参るは　後の世のため

◆**宗　派**　真言宗中山寺派（大本山）　◆**ご本尊**　十一面観世音菩薩

西国巡礼初期においては「極楽中心中山寺」といわれ第一番札所だった

住　　所	兵庫県宝塚市中山寺2-11-1
電話番号	0797-87-0024
拝観時間	拝観自由
納経時間	9：00～17：00
拝 観 料	なし
駐 車 場	なし
U　R　L	http://www.nakayamadera.or.jp/
バリアフリー	専用エレベーターで本堂近くまで上がれるほか、屋根付きのエスカレーターも設置。車椅子の貸し出しあり。多機能（車椅子可）トイレあり

山門にわらじを奉納

アクセス●阪急宝塚線中山観音駅より徒歩約１分。JR福知山線中山寺駅より徒歩約10分

車／中国自動車道宝塚ICより川西方面へ、安倉中交差点を左折、中山寺西交差点を右折、阪急中山観音駅周辺の私営駐車場を利用。宝塚ICより約３km

歳時記

1月1日～3日：初詣、大般若転読修正会／2月3日：星祭節分会／4月第1日曜：無縁経大会式／8月9日：星下り大会式

2月中旬～3月中旬：ウメ／4月：サクラ

西国巡礼開創の舞台
全国的に有名な安産祈願の寺

中山寺は、およそ1400年前の推古天皇時代、聖徳太子による創建と伝えられ、十一面観世音菩薩を本尊にした我が国最古の観音霊場だ。西国巡礼開創の舞台になった寺としても知られ、巡礼の開祖、徳道上人が閻魔大王から授かった宝印を中山寺に納め一番札所と定めた。一時衰微したが、復興を発願した高僧らが宝印を掘り起こし、中興 花山法皇に巡礼復興を上進した。この時、札所順を改定し現在に至る。寿永4年（1185）源平の争乱で堂塔が焼失したが、のちに源頼朝が復興した。また世継ぎのなかった豊臣秀吉が祈願して秀頼を授かったことから、秀頼もまた中山寺の復興を発願した。

現在の本堂と山門は当時の再建による建物。幕末には中山一位局が安産祈願を受けた腹帯「鐘の緒」を授かり明治天皇を御平産されたことから、明治天皇勅願所となり、安産のお寺としてさらに全国的に知られるようになった。

寺は駅からも徒歩圏内でアクセスも抜群。境内にはエレベーターやエスカレーターが設置され、諸堂への移動もスムーズ。妊婦さんや巡礼にもやさしい。本尊の十一面観音像は、インドの勝鬘夫人の姿を模した尊像と伝えられ、秘仏ながら毎月18日に開帳されている。本堂手前には700余の羅漢像が安置された五百羅漢堂、本堂右には聖徳太子を祀る開山堂と護摩堂、本堂の北には西国霊場のお砂踏みができる大師堂。閻魔堂や大願塔など見どころが多い。

境内に残る中山寺古墳

平成29年に再建された、青色が目を引く五重塔

秀頼の発願により再建された山門

閻魔堂の閻魔大王

境内にはエレベーター、エスカレーターも設置

朱色が映える大願塔

700体以上の羅漢像が並ぶ五百羅漢堂

よりみち 珍味堂

30種類以上もの佃煮が並ぶ中山寺門前の名物佃煮店。羅臼昆布や龍野醤油を使った佃煮が人気だ。商品はすべて手作りで添加物は一切使わない。山の蕗800円、実山椒900円・1800円。

宝塚市中山寺 2-8-6　0797-86-0025
10：00 ～ 17：00、不定休

境内図
五重塔
大師堂
大願塔
護摩堂
開山堂
阿弥陀堂
本堂
閻魔堂
五百羅漢堂
信徒会館
鐘楼
梵天
観音茶屋
絵馬堂
観音院
成就院
宝蔵院
霊園
華蔵院
総持院
山門
参道商店
阪急宝塚線
75m
観音池
中山観音駅

駒宇佐八幡宮
景福寺
立杭陶の郷
25
播州清水寺
バス清水停寺
三本峠
相野駅
バス
千丈寺山
高売布神社
大船山
猪名川
三草山
武庫川
鴨川
千丈寺湖
花山院
三蔵山
三田西IC
青野ダム
天満神社
道の駅いながわ
舞鶴若狭自動車道
マイカー
普光寺
有馬富士公園
JR福知山線
宝山寺
東光寺
ひょうご東条IC
城山
大岩岳
道の駅とうじょう
吉川JCT
新名神高速道路
大国宮神社
電車
鹿の子
徒歩
大峰山
武田尾
中山寺駅
フルーツフラワーパーク
神戸JCT
中山寺
清澄寺
24
吉尾IC
中国自動車道
金仙寺湖
六甲北道路
三木JCT
善照寺
塩尾寺
宝塚
宝塚IC

第24番中山寺→第25番播州清水寺

徒歩　中山寺から国道176号と交錯しながら宝塚、三田の市街地を抜ける。相野から三木峠を経て、播州清水寺をめざす。境内へは麓から旧道の山道を上る。約42km

電車・バス　中山寺から徒歩約10分でJR中山寺駅へ。JR福知山線丹波路快速篠山口行きで約30分、相野駅下車、神姫バス清水寺行き（1日2便）終点下車、徒歩約5分

マイカー　中山寺から国道176号経由で宝塚ICより中国自動車道へ。若狭舞鶴自動車道三田西ICより三田市街地方面へ。県道141・311号を経て、播州清水寺方面へ。約46km、約60分

番外
札所

東光山《とうこうざん》　花山院菩提寺《かざんいんぼだいじ》

有馬富士　ふもとの霧は　海に似て　波かときけば　小野の松風

◆**宗　派**　真言宗花山院派（本山）　◆**ご本尊**　薬師瑠璃光如来

境内の左手には花山法皇殿と呼ばれる本堂、その隣には薬師堂がある

住　　所	兵庫県三田市尼寺352
電話番号	079-566-0125
拝観時間	9：00〜17：00（11〜2月は16：30まで）
納経時間	9：00〜16：50（11〜2月は16：20まで）
拝観料	なし　※入山は閉門30分前まで
駐車場	30台（参道維持協力費として500円）
URL	http://www.kazanin.jp/
バリアフリー	駐車場から境内まで石段を上がらずに行くことができるが、急坂なので介助は必要。車椅子用トイレなし

アクセス●JR宝塚線・神戸電鉄三田駅より神姫バス乙原バレー行きで約20分、花山院下車、徒歩約20分

車／中国自動車道西宮北ICより国道176号を三田市方面へ、三輪交差点を右折し県道37号を北へ。志手原交差点を左折し、花山院バス停前を右折する。西宮北ICより約14km

歳時記

1月1日：修正会／2月3日：節分会／5月8日：花まつり／8月15日：盆施餓鬼会

5月：ツツジ、ボタン／11月：紅葉、サザンカ

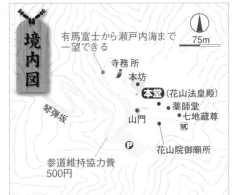

西国巡礼中興の祖
花山法皇の隠棲の寺

花山院は、法道《ほうどう》仙人が白雉2年（651）に創建したと伝えられている。仙人は念持仏と仏舎利、鉄鉢だけを持ってインドから雲に乗ってこの地に来たといわれる伝説の僧で、25番の播州清水寺や26番の一乗寺なども創建したとされる。

幸福（しあわせ）の七地蔵

山寺らしい風情が漂う山門

花山法皇御廟所

花山法皇は西国三十三霊場を開創した徳道上人が中山寺に埋めた宝印を掘り出し、それに従って西国霊場を中興した。法皇は、この山に登りその景観に感銘して隠棲生活を送った。ところが、入山から5年後の寛弘5年（1008）に41歳で崩御、本堂には法皇の法衣を着けた木彫像が安置されている。各霊場のなかでも別格の存在とされ、かつては花山院を参拝してから西国巡礼に出たともいわれるこの寺、正式名は「菩提寺」だが、一般には通称名である「花山院」の方がよく知られており、花山院菩提寺の名称で呼ばれることも多い。

麓のバス停から阿弥陀峰山上の境内までは急坂の参道を上る。この坂道は、女人禁制のため入山を許されぬ11人の女官たちが、尼となって山麓に住み法皇の心を慰めようと琴を弾いたことから「琴弾坂」と名付けられ、麓の集落には今も墓が残る。山門をくぐって石段を上ると手入れが行き届いた境内に着く。本堂と薬師堂が並んで建ち、向かいに花山法皇御廟所がある。薬師堂の隣には、全国的にも珍しい直接手を握って祈願することができる七体の地蔵尊が建立する。標高418メートルの境内からは有馬富士はもちろん遠く播磨灘も望める。

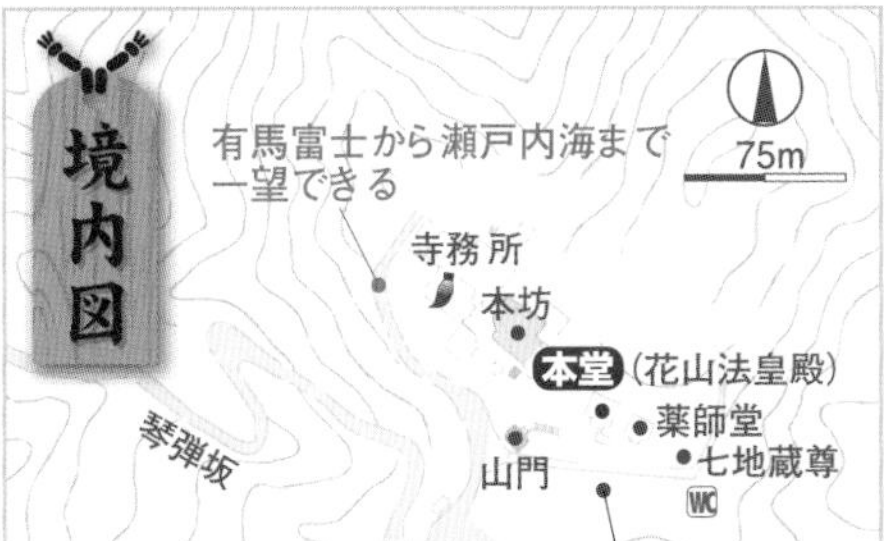
境内図
有馬富士から瀬戸内海まで一望できる
75m
寺務所
本坊
本堂（花山法皇殿）
薬師堂
七地蔵尊
山門
琴弾坂
WC
P
花山院御廟所
参道維持協力費
500円

第25番
札所

御嶽山《みたけさん》 播州清水寺《ばんしゅうきよみずでら》

あはれみや　普き門の　品々に　なにをかなみの　ここに清水

◆宗　派　天台宗　　◆ご本尊　十一面千手観世音菩薩

西国二十五番の礼堂である大講堂

住　所	兵庫県加東市平木1194
電話番号	0795-45-0025
拝観時間	8：00～17：00
納経時間	8：00～17：00
拝観料	500円
駐車場	340台（無料）
URL	http://kiyomizudera.net/
バリアフリー	車椅子用トイレあり

アクセス●JR福知山線相野駅より神姫バス清水寺行き（1日2便）終点下車、徒歩約５分。JR相野駅よりタクシーで約30分

車／舞鶴若狭自動車道三田西ICより三田市街地方面へ。県道141・311号を加東方面へ。三田西ICより約14km。中国自動車道ひょうご東条ICより県道311号を篠山方面へ。ひょうご東条ICより約14km

歳時記

4月第3日曜：無縁経法要／5月5日：花まつり／8月13～15日：精霊会／8月26日：二十六夜待法要 4月：サクラ／5月：シャクナゲ／6月：アジサイ／11月：紅葉

山上に霊泉が湧き出る
四季の移ろいを感じる山寺

寺の歴史は古く、今から1800年前、インドから渡来した法道《ほうどう》仙人がこの地に住んで鎮護国家豊作を祈願したのが始まりといわれる。推古35年（627）、推古天皇勅願により根本中堂が建立され、仙人が刻んだ一刀三札の秘仏十一面観音と脇士毘沙門天王、吉祥天女の聖像が安置された。もともと御嶽山は水に乏しく、仙人が水神に祈ったところ、霊泉が湧き出し、それに感謝して「清水寺」と名付けた。神亀2年（725）、聖武天皇の勅命で行基《ぎょうき》が大講堂を建立し、千手観音を本尊として祀った。花山法皇巡礼のとき、参られてご詠歌を残してから西国二十五番札堂となった。

寺は御嶽山の山上にあるが、車で仁王門前まで上ることができる。鮮やかな朱色の仁王門をくぐると右手には石垣が残る。花の寺にふさわしく春はサクラ、初夏はアジサイ、そして秋には真っ赤な紅葉が境内を覆う。坂を下ると薬師堂があり、奈良県のマスコットキャラクター「せんとくん」の生みの親でも有名な、籔内佐斗司氏による十二神将が存在感を放つ。その奥には大講堂、大講堂の裏から鐘楼を見て進めば根本中堂に着く。その奥を少し下れば、寺名の由来となった滾浄水《こんじょうすい》が湧く「おかげの井戸」があり、水面に顔を写すと3年寿命が延びるといわれている。本尊の十一面観音は30年に一度開扉される秘仏。大正2年の火災では自ら避難したという逸話も残る。

推古天皇勅願所である根本中堂

昭和40年の台風で全壊し昭和55年に新築再建された仁王門

薬師堂内の十二神将

寺号の由緒の地「おかげの井戸」

大講堂の十一面千手観音像

境内図
仁王門
清水寺バス停
清水茶屋
（屋上は展望台）
多宝塔跡
おかげの井戸
（滾浄水）
根本中堂
地蔵堂
月見亭
鐘楼
薬師堂
本坊
客殿
大講堂
料金所
徒歩では麓から旧道を登る
所要約40分
五円玉
75m
150m
公衆トイレ

第25番播州清水寺→第26番一乗寺

徒歩 北側の山道を下り上鴨川へ。国道372号に出て旧道も使いながら加西方面へ。約34km

電車・バス 播州清水寺から神姫バス社（車庫前）バス停まで約19km（公共交通機関なし、タクシーなど利用）。姫路駅行きに乗り換えて約40分、法華山一乗寺下車すぐ

マイカー 県道311号上鴨川交差点を左折し、国道372号を加西方面へ。三口西交差点を左折する。約37km、約60分

道の駅 北はりま
エコミュージアム
JR加古川線
東光寺
普光寺
西脇
馬事公苑
上鴨川
播州清水寺
25
372
徒歩
正楽寺
播磨中央
公園
朝光寺
東条
マイカー
北条鉄道
フラワー
センター
社
中国自動車道
社（車庫前）
バス停
ひょうご
東条IC
三口西
バス
道の駅
とうじょう
一乗寺
26
法華山
一乗寺バス停
浄土寺
加古川北
IC
権現池
山陽
自動車道
連花寺

第26番 札所

法華山《ほっけさん》　一乗寺《いちじょうじ》

春は花　夏は橘　秋は菊　いつも妙なる　法の華山

◆宗　派　天台宗　　◆ご本尊　聖観世音菩薩

完成は平安末期。国宝に指定されている全国屈指の三重塔

住　所　兵庫県加西市坂本町821-17
電話番号　0790-48-2006（本坊）、4000（納経所）、20-4333（FAX）
拝観時間　8：00～17：00
納経時間　8：30～17：00
拝観料　500円（宝物館は別途500円・FAXか往復はがきで要予約）
駐車場　150台（300円）
バリアフリー　車椅子の方は受付で申し込むと石段右手より別ルートで拝観できるが、一部階段あり（2人以上の介添えが必要）。車椅子用トイレあり

アクセス●JR・山陽姫路駅より神姫バス一乗寺経由社行きで約35分、法華山一乗寺下車すぐ
車／山陽自動車道加古川北ICより県道43号を加西市街地方面へ、県道206号に入り直進する。加古川北ICより約６km

歳時記

1月18日：修正会／4月4日・11月5日：定例宝物拝観日／5月3～8日：花祭大会
4月：サクラ／7月：タチバナ／／11月：紅葉

多くの文化財を有す 山深い播磨の古刹

この寺の開基は、花山院、播州清水寺と同じ法道仙人。念持仏、仏舎利と宝鉢だけを持ってインドから雲に乗って渡来したとされている伝説的な僧で、飛行自在の能力と限りない寿命を得ていたといわれる。仙人は食べ物がほしくなれば、宝鉢を飛ばして供養を受けたそうだ。この神通力が都にも聞こえ、孝徳天皇の病気治癒祈願を行ったところ、治癒の功績が認められ、勅願により白雉元年（６５０）に創建したのがこの寺と伝えられている。

境内は自然林に囲まれた山深い場所にあり、拝観受付のある麓から本堂へは、１６２段もの長い石段を上っていく。石段は３つに分かれており、最初の石段を上ったところに常行堂、２つ目を上り始めると、三重塔がその優美な姿をあらわす。この塔は国宝で承安年間（１１７１～７４）の造営。上層にいくにしたがって柱間が狭くなっていて、安定感と優美さでは、ほかに類を見ない塔である。階段を上り切ったところにどっしりと構えるのが本堂（金堂）で、今の本堂は寛永5年（１６２８）、姫路藩主・本多忠政の寄進により建てられ、舞台造りで国の重要文化財。本堂の背後には重要文化財の弁天堂、妙見堂、護法堂が並ぶ。本尊の聖観世音菩薩像は、白鳳期の作で重要文化財に指定されている秘仏だ。そのほか、国宝の聖徳太子および天台高僧像十幅（奈良国立美術館などに寄託）、重要文化財の弘法大師像、法道仙人木造など貴重な寺宝を多数収蔵し、宝物拝観日に公開する。

大悲閣と呼ばれる本堂

秘仏の聖観世音菩薩が安置されている

常行堂

室町時代の建築物の護法堂（重文）

寛永６年（1629）に建立された鐘楼

弁天堂と妙見堂（重文）

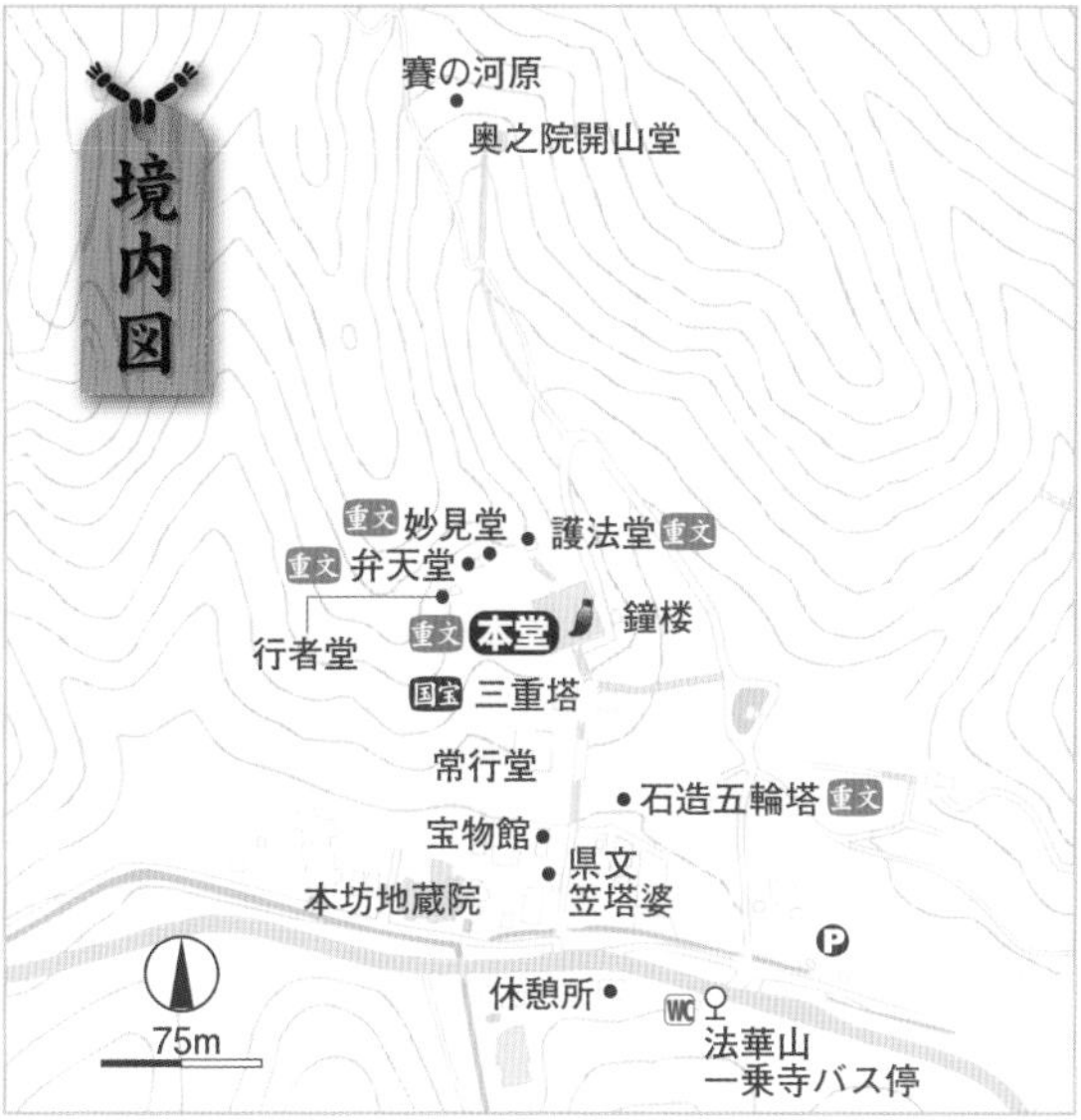
境内図
賽の河原
奥之院開山堂
重文 妙見堂
護法堂 重文
重文 弁天堂
行者堂
重文 本堂
鐘楼
国宝 三重塔
常行堂
石造五輪塔 重文
宝物館
県文
笠塔婆
本坊地蔵院
P
休憩所
WC
法華山
一乗寺バス停
75m

本堂へと続く長い石段

北条町駅
フラワー
センター
姫路市
JR播但線
312
播但連絡道路
圓教寺
27
山陽
姫路西IC
書写
バス停
山陽自動車道
加西市
北条鉄道
372
加古川
小原
マイカー
一乗寺
26
法華山一乗寺バス停
JR姫新線
バス
西中島南
JR姫路駅前
バス停
徒歩
バス
加古川北IC
JR山陽新幹線
姫路駅
権現池
2
JR山陽本線
姫路バイパス
高砂市
加古川市
250
2
姫路JCT
平荘湖
加古川
山陽電鉄
加古川駅

第26番一乗寺→第27番圓教寺

徒歩

県道26号を西へ。山陽自動車道と並行する道を西へ進み、国道372号に出たら県道398号を山陽自動車道と並行するように歩く。約21km

電車・バス

法華山一乗寺バス停から神姫バス姫路行きで約45分、JR姫路駅前バス停で下車、神姫バス書写山ロープウェイ行きで約30分、終点下車すぐ

マイカー

一乗寺駐車場から県道を西へ走り、小原交差点を左折して国道372号へ。国道312号を北へ西中島南交差点を左折し県道516号に入り西へ進む。夢前川を渡ってすぐ右折、書写山ロープウェイへ。約20km、約40分

第27番 札所

書寫山《しょしゃざん》　圓教寺《えんぎょうじ》

はるばると　のぼれば書寫の　山おろし　松のひびきも　御法なるらん

◆宗　派　天台宗　　◆ご本尊　六臂如意輪観世音菩薩

天禄元年（970）創建の摩尼殿は単層入母屋造り

住　　所	兵庫県姫路市書写2968
電話番号	079-266-3327
拝観時間	8：30～17：00（季節により異なる）
納経時間	8：30～17：00（季節により異なる）
拝 観 料	500円、別途特別志納金500円（山上のシャトルバス往復利用）
駐 車 場	250台（山麓のロープウェイ駐車場利用・無料）
U　R　L	http://www.shosha.or.jp/
バリアフリー	山上のシャトルバスが利用できる。 本堂近くに車椅子用のトイレあり

アクセス●JR・山陽電鉄姫路駅より神姫バス書写ロープウェイ行きで約30分、終点下車、ロープウェイで山上駅まで約4分、ロープウェイ山上駅より徒歩約15分。またはマイクロバスで約5分
車／山陽自動車道姫路西ICより東へ10分。または姫路バイパス中地ランプより約15分。ロープウェイ以降は電車のアクセスと同じ

歳時記

1月10日：上人会・鬼追式／4月10日：開山忌／8月9日：四万六千日会
4月：サクラ／5月：ツツジ／6月：アジサイ／11月：紅葉

西の比叡山にふさわしい雄大な閑寂の巨刹

西国霊場の最西端、「西の比叡山」とも呼ばれるこの寺は、天台宗の別格本山。康保3年（966）、九州の霧島山で修行した性空《しょうくう》上人が霊地を求めてこの地にきたところ、紫雲がかかっている書寫山を見てこの山に入り、康保3年（966）に草庵を開いたとされている。上人は、人間の感覚の基本である眼・耳・鼻・舌・身・意のすべてが清らかになる六根清浄の悟りを開いたという。上人の徳は広く都にまで知れ渡り、花山法皇は二度もここを訪れ、圓教寺の名を賜ったという。天皇の勅願所としての待遇を与えられ、後白河法皇や後醍醐天皇も訪れたとされている。また武将の信仰も厚く、本多、松平、榊原の姫路城主の墓もここに残されている。

ロープウェイで山上に上ると、別世界のように静寂が周りを包む。山上駅からは近畿自然歩道でもあるきつい坂を上り仁王門へ。参道を奥へ進むと舞台造りの巨大な本堂・摩尼殿がそびえたつ。本尊の六臂如意輪観世音菩薩は秘仏だが、毎年1月18日に開扉される。摩尼殿の裏手から5分ほど歩くと、大講堂・食堂《じきどう》・常行堂が並んだ「三つの堂」に出る。大講堂は学問と修行の場、食堂は後白河法皇の勅願で創建された修行僧の寝食のための建物、常行堂は修行道場で、いずれも国の重要文化財に指定されている。常行堂の脇道を奥に進むと性空上人を祀る開山堂があり、軒下の三隅を支える力士像は、左甚五郎の作。西北隅を支える像は、重さに耐えかねて逃げ出したという伝説も残る。

大講堂（右）・食堂（中）・常行堂（左）の三つの堂が並び立つ

性空上人を祀る奥の院「開山堂」

食堂の２階に安置される「金剛薩埵坐像」

参道にたたずむ六臂如意輪観世音菩薩

急な上り坂が続く「西国巡礼の道」

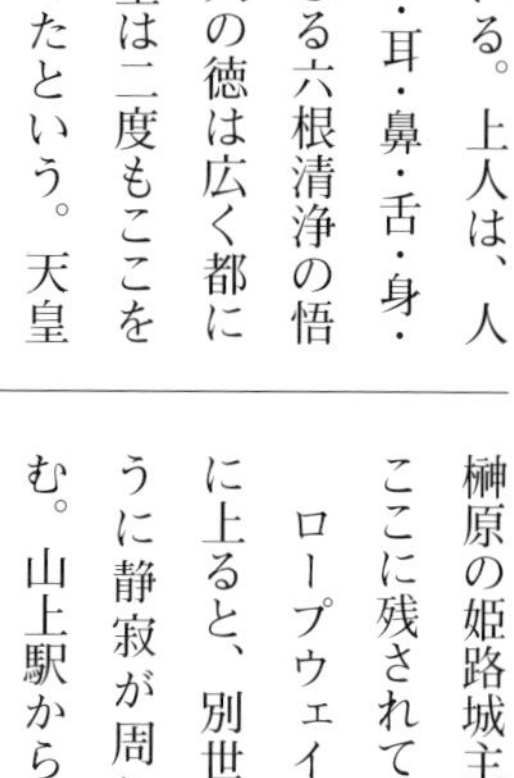
左甚五郎作と伝わる力士像

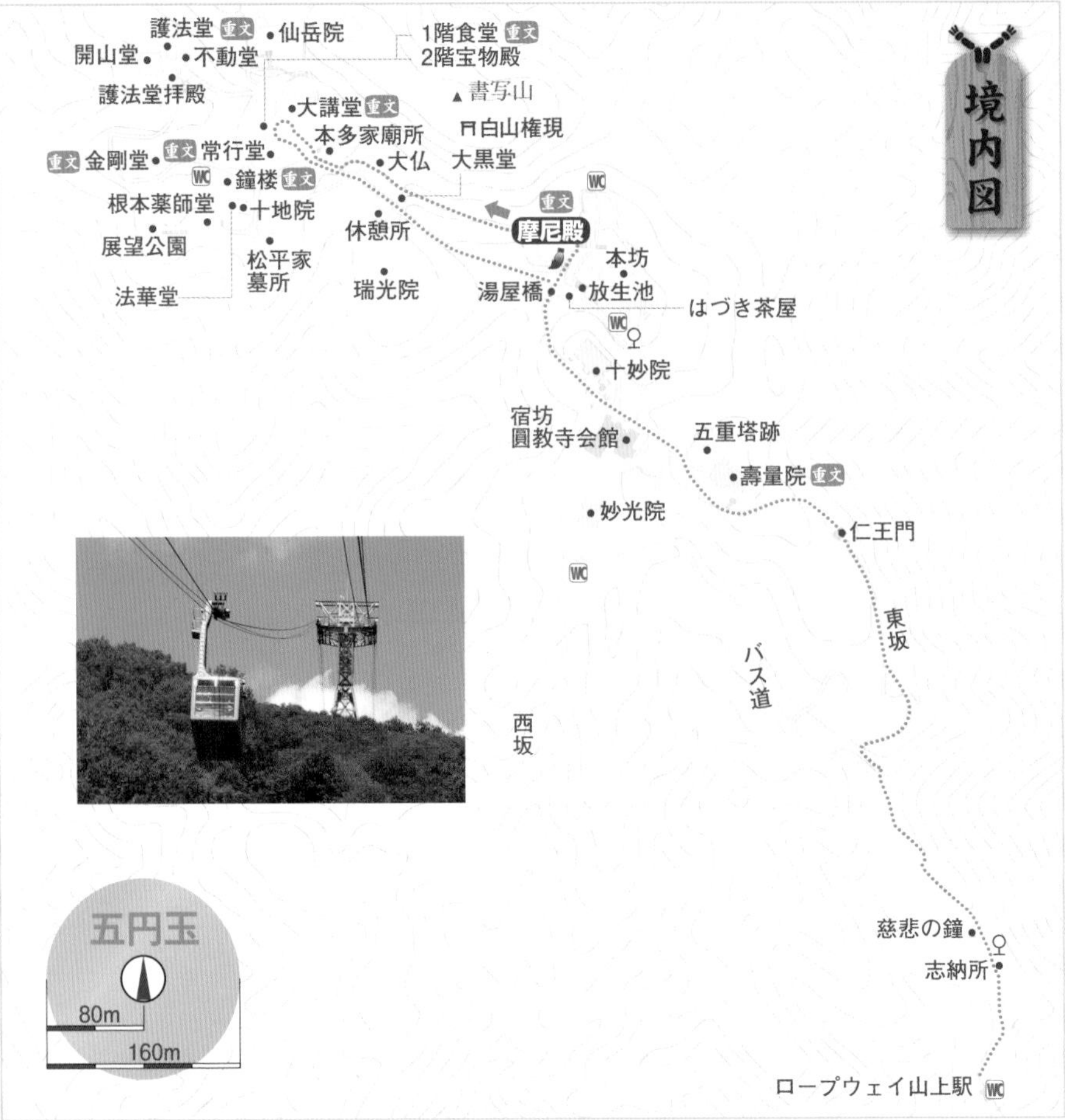

境内図
護法堂 重文
仙岳院
1階食堂 重文
2階宝物殿
開山堂
不動堂
護法堂拝殿
書写山
大講堂 重文
白山権現
本多家廟所
重文 金剛堂
重文 常行堂
大仏
大黒堂
鐘楼 重文
根本薬師堂
十地院
重文
摩尼殿
休憩所
展望公園
松平家
墓所
本坊
法華堂
瑞光院
湯屋橋
放生池
はづき茶屋
十妙院
宿坊
圓教寺会館
五重塔跡
壽量院 重文
妙光院
仁王門
東坂
バス道
西坂
慈悲の鐘
志納所
ロープウェイ山上駅
五円玉
80m
160m

よりみち 夢乃そば

３棟から成る木造平屋建ての複合施設。蕎麦処「夢乃蕎麦」のほか、地元の特産物や銘菓などのみやげ物、全国からセレクトした食品やおしゃれな雑貨が並ぶ売店がある。

🏠姫路市夢前町置本 583
☎079-335-1188
🕘9：00 ～ 17：00（夢乃蕎麦は 11：00 ～ 16：00）、無休

姫路市書写の里・美術工芸館

清水公照の作品やコレクション、姫路の伝統工芸品、昔懐かしい郷土玩具などを展示。伝統工芸品の製作実演、姫路はりこなどの絵つけ体験ほか、さまざまなイベント・教室を開催する。

🏠姫路市書写 1223　☎079-267-0301
🕘10：00 ～ 17：00（入館は～ 16：30）
月曜休（祝日の場合は翌日）
¥大人 310 円

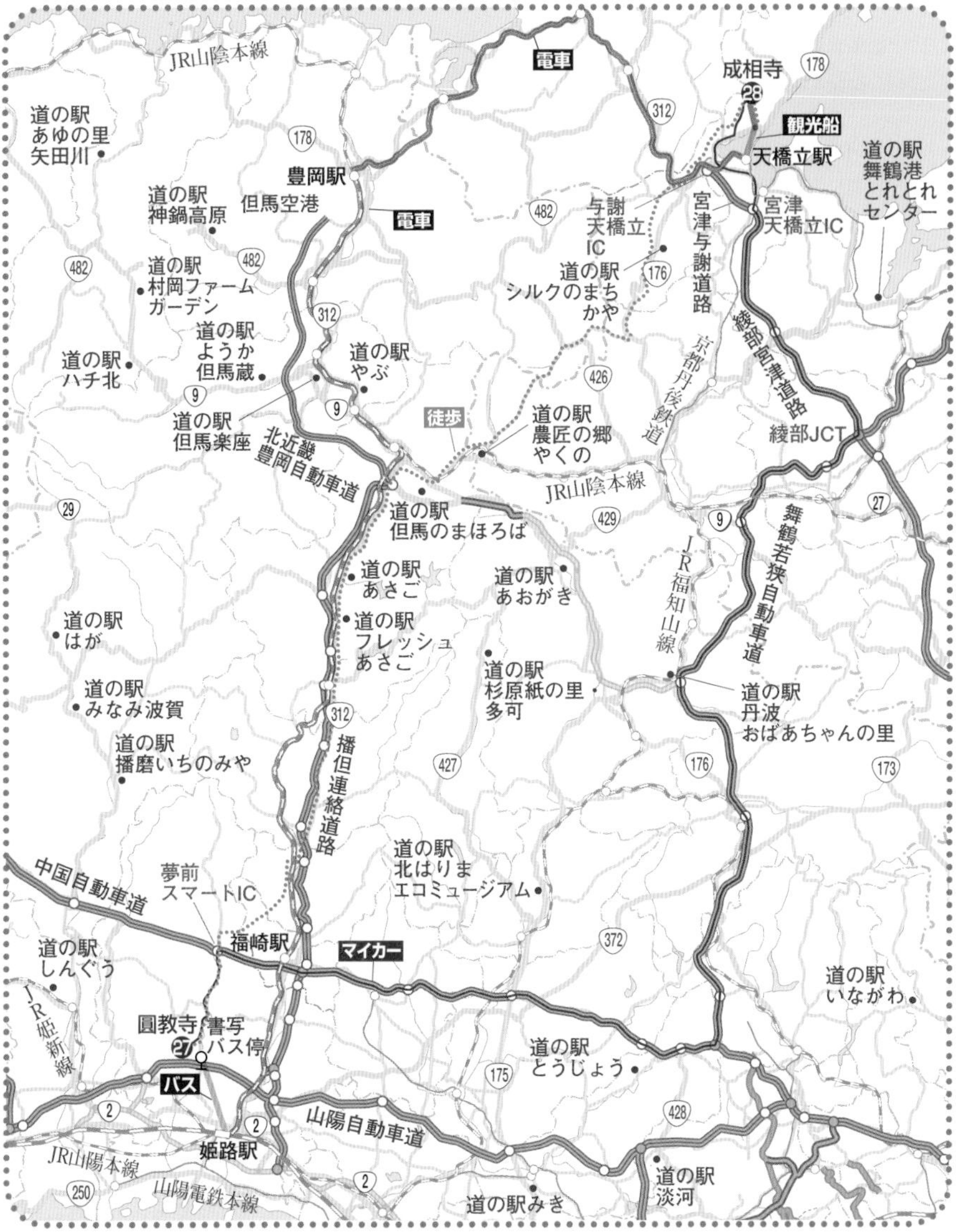

第27番圓教寺→第28番成相寺

徒歩

圓教寺より山道を下り、県道67号を北へ。国道312号・県道63号・国道176・178号とそれぞれの旧道などを経て、成相寺をめざす。約120km

電車・バス

神姫バスでJR姫路駅へ。JR播但線・山陰本線を乗り継いで豊岡駅へ。京都丹後鉄道に乗り換え約1時間10分で天橋立駅下車。観光船またはバスでケーブル下へ。傘松ケーブルで傘松駅へ。

マイカー

書写山ロープウェイ駐車場より県道67号を北上し、夢前スマートICより中国自動車道へ。舞鶴若狭自動車道・綾部宮津道路を経て、宮津天橋立ICより国道176・178号で成相寺へ。約160km、約150分

第28番
札所

成相山《なりあいさん》　成相寺《なりあいじ》

波の音　松のひびきも　成相の　風ふきわたす　天の橋立

◆宗　派　橋立真言宗　　◆ご本尊　聖観世音菩薩

聖観世音菩薩を祀る入母屋造りの本堂

住　　所	京都府宮津市成相寺339
電話番号	0772-27-0018
拝観時間	8：00～16：30
納経時間	8：00～16：30
入 山 料	500円
駐 車 場	50台（無料）
U　R　L	http://www.nariaiji.jp/
バリアフリー	本堂左側に車椅子用のスロープとリフトを設置（冬期は積雪のため使用不可）。駐車場に車椅子用トイレあり

展望台から天橋立を一望

アクセス●京都丹後鉄道天橋立駅より船・ケーブルカー・登山バス利用で約50分。またはタクシーで約25分
車／京都縦貫自動車道経由宮津与謝道路与謝天橋立ICより国道176・178号経由で約10km

歳時記

2月3日：節分星供養／春秋彼岸：彼岸会／7月3日：開山奥の院供養／8月9日：施餓鬼供養及び千日会／毎月18日：御縁日

天橋立を一望する 伝説に包まれた観音霊場

日本三景天橋立を望む標高569メートルの鼓ヶ岳の中腹に位置する成相寺。慶雲元年（704）、文武天皇の勅願寺として真応上人が創建したと伝えられる。本尊は身代わり観音や美人観音として知られる聖観世音菩薩。寺伝によると、一人の僧が山にこもって修行中、雪深い草庵に行き交う人もなく、飢えて死に直面していた。僧が本尊に祈ったところ、堂の外に傷ついた猪（鹿）が倒れているのに気づき、飢えに耐えきれず肉食の禁戒を破ってその脚をそいで鍋に入れて食べた。雪がとけて寺を訪ねた里人たちが、左右の腿が切り取られた本尊と鍋の中に散る木屑をみつけ、その身を与えて救ってくれたことを悟った僧が、木屑を腿につけたら本尊は元の姿になった。このことから、願うことが成り合う寺として、成合（相）寺と名づけられたという。

天橋立の景色を楽しみながら、ケーブルカーと登山バスを乗り継いで境内へ。本堂まで続く石段の途中に撞かずの鐘がある。鐘を鋳造する際に寄進を断った女が、銅湯となったルツボの中に誤って乳飲み子を落としてしまった。完成した鐘を撞くと、音色の中に子どもの泣き声が聞こえたことから、成仏を願って撞くことをやめてしまったという悲話が残る。石段を進むと、唯一の願いをひとことで願えばかなえてくれるという一願一言地蔵が佇み、石段を上りつめると入母屋造りの本堂が建つ。堂内には、名工・左甚五郎作「真向の龍」が掲げられ、本堂前には重要文化財の鉄湯船がある。

復元された五重塔

一願一言地蔵

悲話が残る、撞かずの鐘

真向の龍

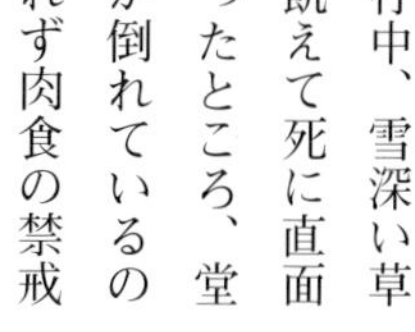
日本三大鉄湯船のひとつ

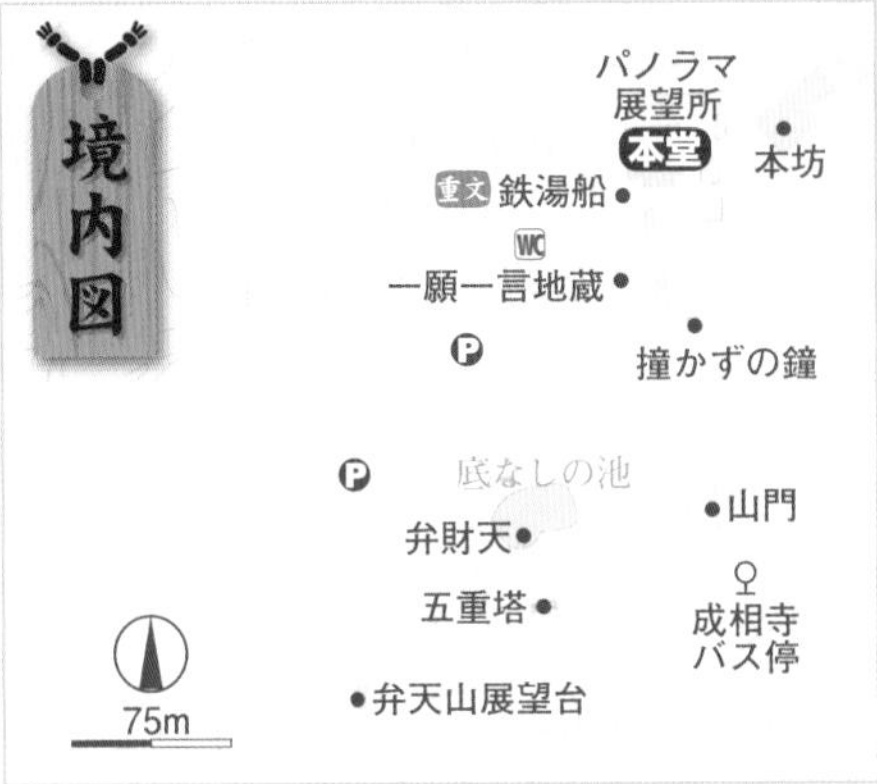
境内図
パノラマ
展望所
本堂
本坊
重文 鉄湯船
WC
一願一言地蔵
撞かずの鐘
底なしの池
山門
弁財天
成相寺
バス停
五重塔
弁天山展望台
75m

対岸まで12分で
むすぶ観光船

日本三景「天橋立」

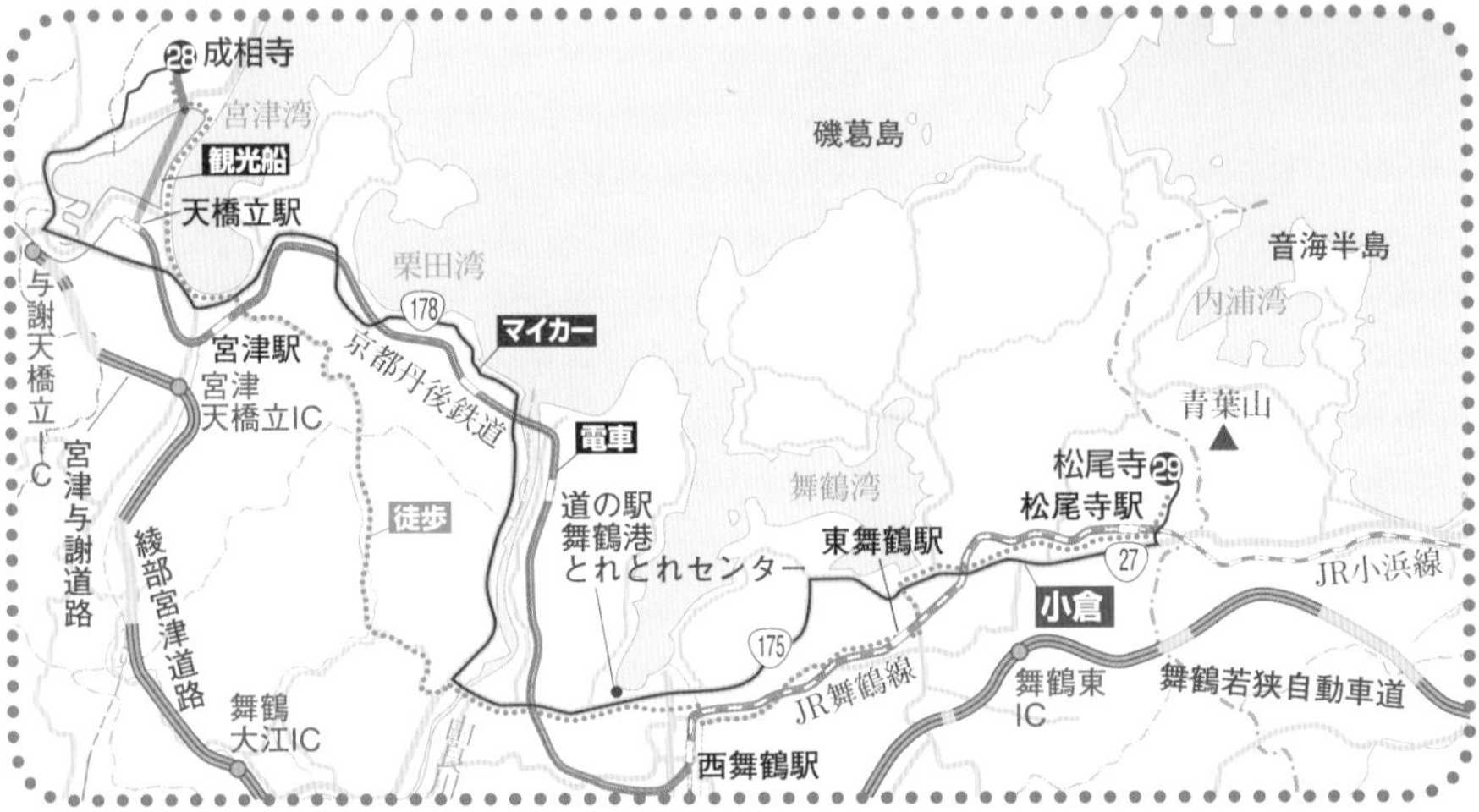
28 成相寺
宮津湾
観光船
天橋立駅
与謝天橋立IC
宮津与謝道路
宮津駅
宮津
天橋立IC
綾部宮津道路
舞鶴
大江IC
栗田湾
178
マイカー
京都丹後鉄道
電車
徒歩
道の駅
舞鶴港
とれとれセンター
175
西舞鶴駅
JR舞鶴線
舞鶴湾
東舞鶴駅
小倉
舞鶴東
IC
舞鶴若狭自動車道
27
JR小浜線
松尾寺駅
松尾寺 29
青葉山
内浦湾
音海半島
磯葛島

(食)道の駅 舞鶴港とれとれセンター

日本海側最大級を誇る海鮮市場を併設する道の駅。新鮮な鮮魚や干物、かまぼこなどの水産加工品が豊富にそろう。活気のある売り場では、目の前に並ぶ魚介類を刺身や焼き物に調理してもらい、店内で食べることができる。

舞鶴市下福井905　☎0773-75-6125
9:00～18:00、水曜休（祝日の場合は営業）、特別休業日あり

第28番成相寺→第29番松尾寺

徒歩 成相寺から傘松公園を下り、天橋立を渡って国道176号を左折。県道45号、国道175号経由で舞鶴方面へ。JR小浜線と並行するように東へ進んで松尾寺を目指す。約48km

電車・バス 傘松公園からケーブルカーで下り、観光船で天橋立駅へ。京都丹後鉄道で約55分、西舞鶴駅でJRに乗り換え、舞鶴線・小浜線で約13分、松尾寺駅下車、徒歩約50分

マイカー 成相寺駐車場から国道178号へ出て右折。国道176・175・27号経由で舞鶴市街を抜けて東へ、松尾寺の看板に従って左折。約55km、約110分

第29番 札所

青葉山 松尾寺

あおばさん　まつのおでら

そのかみは　幾世経ぬらん　便りをば　千歳もここに　松の尾の寺

◆宗　派　真言宗醍醐派　　◆ご本尊　馬頭観世音菩薩

享保 15 年の再建の本堂。内陣には多彩な仏像がせいぞろい

住　所	京都府舞鶴市字松尾532
電話番号	0773-62-2900
拝観時間	8：00～17：00（宝物殿は9：00～16：00）
納経時間	8：00～17：00
拝観料	なし（宝物殿は800円）
駐車場	100台（500円）
URL	http://www.matsunoodera.com/
バリアフリー	本堂までは段差があり、車椅子での拝観は難しい。車椅子用トイレなし

アクセス●JR松尾駅より徒歩約50分。JR東舞鶴駅より京都交通バス高浜行きなどで約30分、松尾口下車徒歩約40分

車／舞鶴若狭自動車道舞鶴東ICより府道28号を北へ、小倉ICを右折して国道27号、府道564号経由で約９km、約15分。駐車場より徒歩約５分

歳時記

春秋彼岸会：春秋7日間／5月7・8日：卯月八日音楽舞儀大法要（8日に重要無形民俗文化財の仏舞奉納）／10月下旬：紫灯大護摩供養

西国霊場唯一の観音を祀る
山の中腹に建つ古刹

京都、福井の府県境にまたがる青葉山は、福井側から見ると東西二つの峰が重なって裾広がりの美しい三角形を見せることから「若狭富士」の名で知られる。山中には険しい溶岩性の岩場が多く、かつては修験道の行場として栄えた。この地を訪れた唐の僧、威光上人は、母国の霊山、「馬耳山」にも似るこの青葉山の山中にある松の大樹の下で馬頭観音を感得、庵を結んだのが松尾寺の起こりで、西暦708年のことであったと伝えられる。

1300年を超える歴史のなかで、元永2年（1119）に鳥羽天皇の行幸啓があり、七堂伽藍の御寄進を受け、坊舎は65を数えたという。「普賢延命像」はこの地方唯一の国宝絵画で、一説に美福門院の念持仏とも伝わる。その後、度重なる火災に見舞われ、現在の本堂（府指定文化財）は享保15年（1730）に修築された。

仁王門右手の宝物殿では、国宝、重文など指定文化財を春秋に2カ月ほど展示公開。さらに33段の石段を上った正面が、二層の宝形造りの屋根を持つ本堂で、手前の灯明堂の屋根と合わせて重層的な景観が印象的だ。西国三十三霊場で唯一の本尊馬頭観世音菩薩が祀られている。嵐に遭った若狭の漁師、春日宗太夫は流木にすがって一命を取りとめ、打ち上げられた浜辺には馬の蹄の痕があった。これをたどると松尾寺に着き、流木を発見。流木が馬頭観音の化身であったと悟り、自ら出家して流木で観音像を刻んでご本尊の胎内に収めたという霊験譚が伝わる。

漁労農耕や畜産、交通の守り仏として、さらには競馬関係者に至るまで、ひろく人々の信仰をあつめている。

石段を上がると風格のある仁王門

本堂から渡り廊下でつながる大師堂

本尊は西国霊場唯一の馬頭観音を祀る

弘法大師像

数多くの文化財を収蔵する宝物殿

買 道の駅 シーサイド高浜

高浜

若狭湾を望む道の駅。地元はもちろん、福井県内の特産品もそろう。レストランでは、煮干しを使った「にぼダシラーメン」が人気。温浴施設や休憩施設も完備している。

福井県大飯郡高浜町下車持46-10
0770-72-6666
10：00〜22：00　第3水曜休

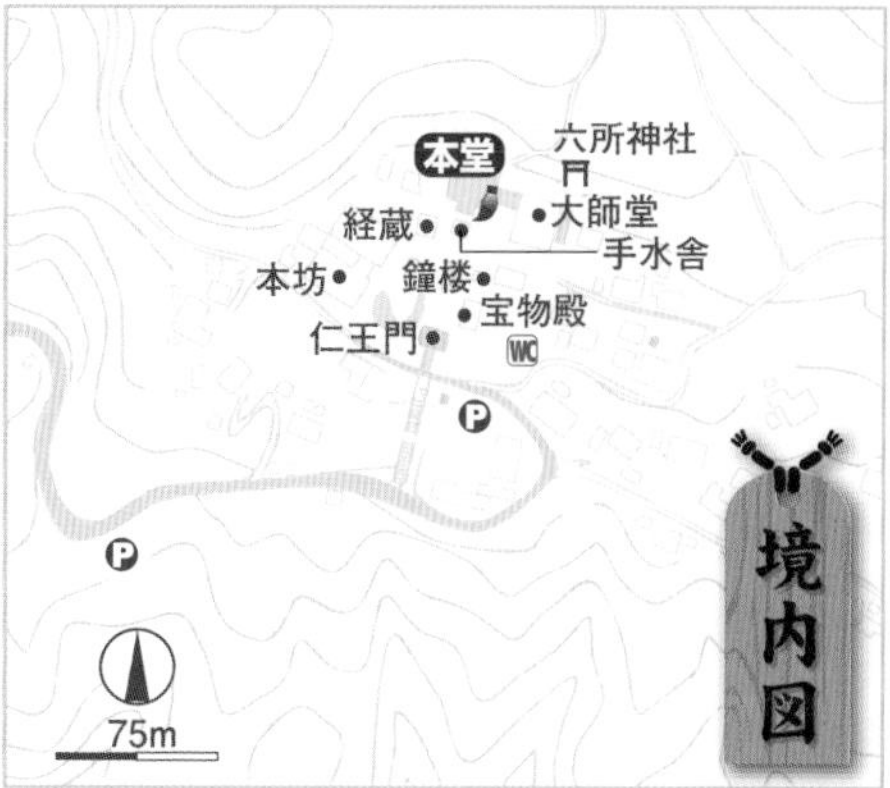

本堂
六所神社
経蔵
大師堂
手水舎
本坊
鐘楼
宝物殿
仁王門
WC
P
P
75m
境内図

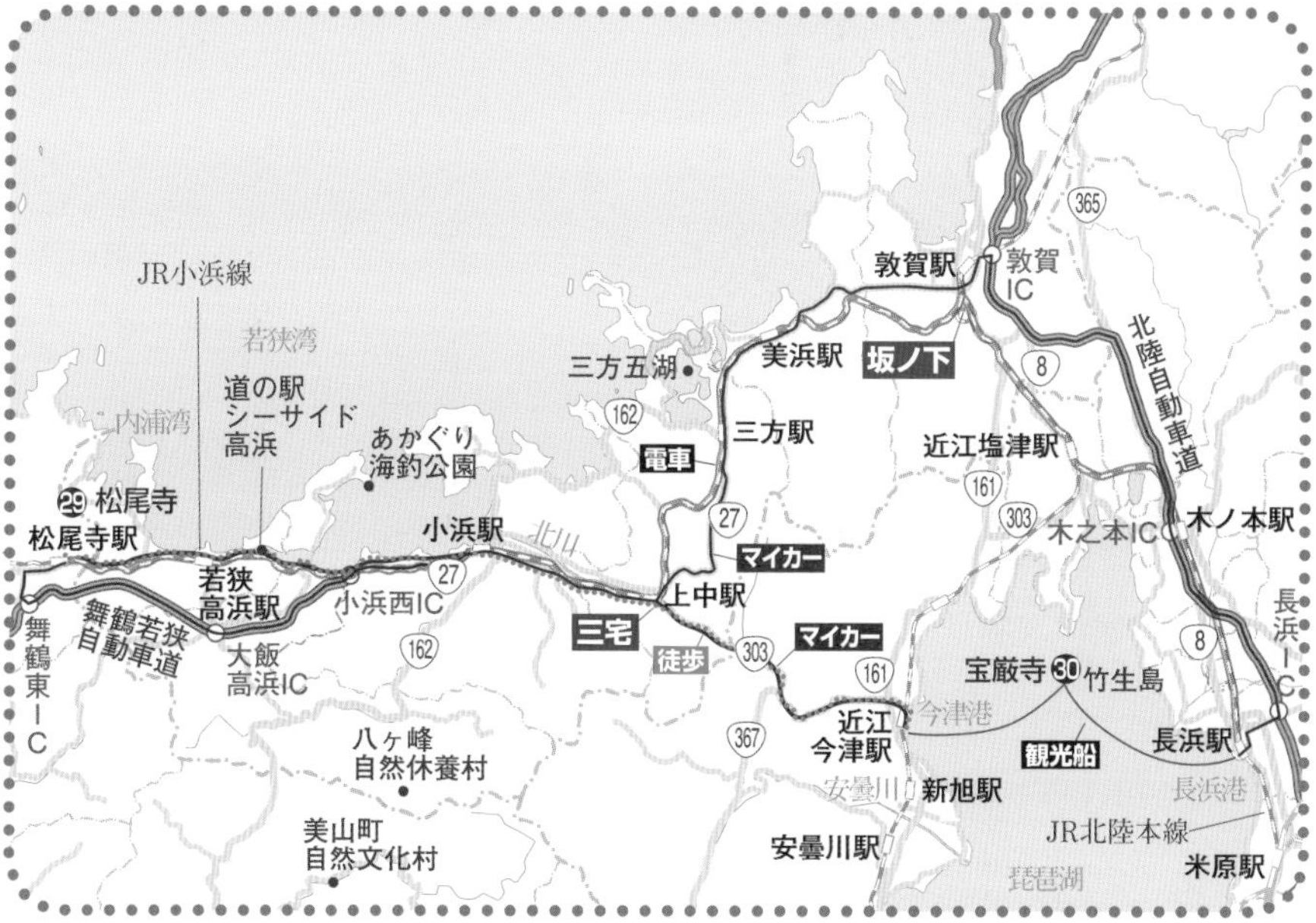

JR小浜線
若狭湾
内浦湾
道の駅
シーサイド
高浜
あかぐり
海釣公園
三方五湖
29 松尾寺
松尾寺駅
若狭
高浜駅
舞鶴若狭
自動車道
舞鶴東IC
大飯
高浜IC
小浜西IC
小浜駅
北川
三宅
徒歩
上中駅
マイカー
電車
三方駅
美浜駅
坂ノ下
敦賀駅
敦賀
IC
北陸自動車道
近江塩津駅
木之本IC
木ノ本駅
長浜IC
宝厳寺 30 竹生島
今津港
近江
今津駅
観光船
長浜駅
長浜港
安曇川
新旭駅
安曇川駅
JR北陸本線
米原駅
琵琶湖
八ヶ峰
自然休養村
美山町
自然文化村
365
8
162
27
161
303
367

第29番松尾寺→第30番宝厳寺

徒歩　松尾寺から青葉山を越えて下山。若狭湾沿いに整備された遊歩道や自転車道を経由して国道27号（丹後街道）を進む。三宅交差点を直進し、今津港から観光船で宝厳寺へ。約48km

電車・バス　JR松尾駅まで戻り、小浜線で1時間45分、敦賀駅で北陸本線に乗り換えて40分、長浜駅下車、長浜港まで徒歩約10分。長浜港から観光船で宝厳寺へ

マイカー　松尾寺から国道27号経由国道303号で今津港へ。国道27号から舞鶴若狭自動車道、北陸自動車道経由で長浜港へ。観光船で宝厳寺へ。今津港まで約65m、長浜港まで約115km

第30番
札所

厳金山《がんこんさん》　宝厳寺《ほうごんじ》

月も日も　波間に浮かぶ　竹生島　船に宝を　積むここちして

◆宗　派　真言宗豊山派　◆ご本尊　千手千眼観世音菩薩

神と仏のみが宿る神秘の島

住　　所	滋賀県長浜市早崎町1664-1
電話番号	0749-63-4410
拝観時間	9：30〜16：00（船の運航時間内）
納経時間	9：30〜16：00（船の運航時間内）
拝 観 料	400円
駐 車 場	各港にパーキングあり
U R L	http://www.chikubushima.jp/
バリアフリー	階段が多いので、車椅子での拝観は難しい。車椅子用トイレなし

弁天様の
幸せ願いダルマ

アクセス●JR長浜駅より長浜港まで徒歩約10分、JR彦根駅より彦根港まで無料シャトルバスで約20分、JR今津駅より今津港まで徒歩約5分。各港より船で竹生島へ。約20〜45分

車／長浜港へは北陸自動車道長浜ICより県道37号経由で約15分、彦根港へは名神高速道路彦根ICより県道306・518号で約10分、今津港へは名神高速道路京都東ICより国道161号で約50分

歳時記

1月1〜4日：修正会／8月1日：蓮花会（竹生島辯才天大法要）／毎月15日：天女御縁日（辯才天特別祈願日）／毎月18日：観音御縁日

神と仏が宿る聖地
湖上に浮かぶ竹生島

長浜市の沖合にあり、琵琶湖で2番目に大きい竹生島。島全体が国の名勝・史跡に指定され、島の名前は「(神を)斎く島」に由来する。周囲2キロメートルの島内にあるのは宝厳寺と、かつては神仏習合であった都久夫須麻神社だけ。船がつく時間内だけ人々が往来し、島内に民家は1軒もない。神と仏のみが宿る神秘の島そのものだ。

寺伝によると、神亀元年（724）、聖武天皇が夢枕に立った天照皇大神のお告げを受け、行基が島に渡って弁才天像（大弁才天）を刻んで本堂に安置。その翌年に観音堂を建立し、千手観音像を安置したのが起こりといわれ、大弁才天を寺の本尊、千手観音像を札所の本尊として祀る。以来、天皇の行幸が続き、最澄や空海らの名僧も訪れたと伝わる。明治時代には神仏分離令により廃寺の命が下るが、数多くの信者に守られ、本堂の建物のみが神社に渡された。その後、昭和17年（1942）に本堂が再建され、仮安置だった大弁才天が安置された。

船着き場からみやげ物店の前を過ぎて、祈りの階段と呼ばれる165段の石段を上ると本堂があり、本尊の大弁才天は、江ノ島・宮島と並ぶ日本三大弁才天のひとつで最も古い。階段を下ると、唐門（国宝）と西国札所の観音堂（重文）がある。豊臣秀頼の命により移築された唐門は、秀吉を祀った京都東山の豊国廟に建っていた極楽門で、華やかで美しい桃山様式の唐門の代表的遺構。近年、大坂城の極楽橋だと考えられるようになり、秀吉築城の幻の大坂城唯一の遺構であるとの注目を集めている。

大弁才天を祀る本堂

観音堂と都久夫須麻神社を結ぶ舟廊下（重文）

国宝の唐門。その奥に千手観音を祀る観音堂がある

五重石塔（重文）

約350年ぶりに復元された三重塔

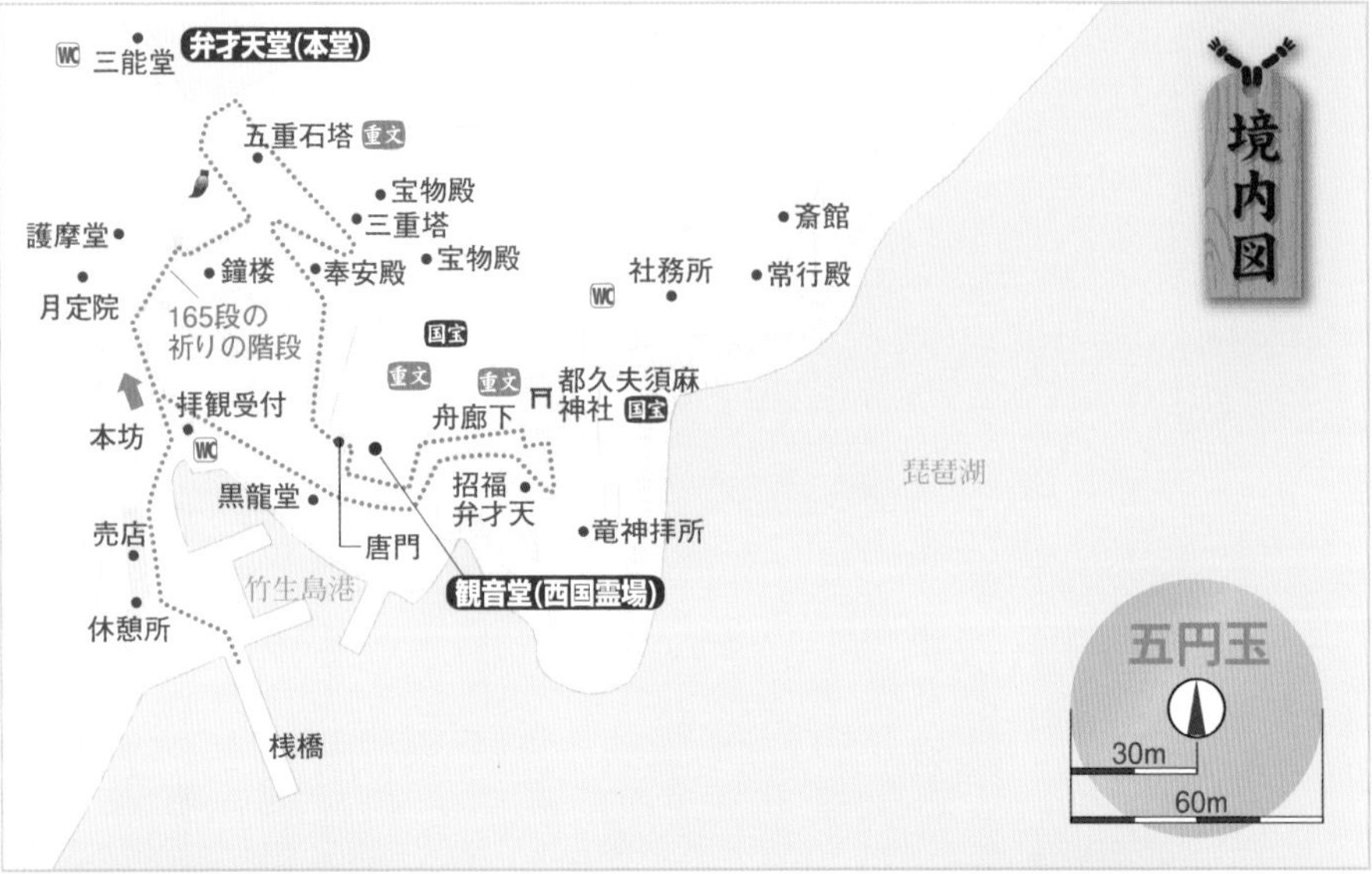

竹生島への定期観光船　2021年8月現在

●琵琶湖汽船

https://www.biwakokisen.co.jp/

■今津航路（所要時間25～30分、上陸時間70～85分）

0740-22-1747

乗船料（往復）大人2640円、小人1320円

運航期間：3月初旬～12月初旬は毎日、12月初旬～3月初旬は土日・祝日のみ運航（年末年始は毎日運航）

◆通常便

今津港発　9:30、10:40、12:00、13:10

竹生島発11:10、12:30、13:40、14:50

■長浜航路（所要時間30分、上陸時間75～85分）

0749-62-3390

乗船料（往復）大人3130円、小人1570円

運航期間：毎日運航

◆通常便

長浜港発　9:00、10:10、11:30、12:50、14:05

竹生島発10:45、12:05、13:25、14:40、15:55

※今津航路、長浜航路ともに冬期は1日2～3便運航（時期により異なる）。GW、お盆、年末年始は増便運航あり

■びわ湖横断航路

乗船料大人2880円、小人1440円

運航期間：3月初旬～12月初旬

＜今津港→竹生島→長浜港＞

◆通常便 9:30発（50分）11:15着、10:40発（60分）12:35着、12:00発（60分）13:55着、13:10発（65分）15:10着、14:20発（70分）16:25着

＜長浜港→竹生島→今津港＞

◆通常便 9:00発（30分）10:30着、10:10発（30分）11:40着、11:30発（30分）13:00着、12:50発（20分）14:10着、14:05発（15分）15:20着

※カッコ内は上陸時間

●オーミマリン（0749-22-0619）

https://www.ohmitetudo.co.jp/marine/

■彦根航路（所要時間40～45分、上陸時間70～80分）

乗船料（往復）大人3000円、小人1500円

運航期間：3月1日～11月末

◆通常便

彦根港発　9:00、10:00、12:00、14:00

竹生島発 11:00、12:00、13:55、15:50

※GW・夏期、冬期・年末年始等は別途

※最新の運航情報は各社公式HPを確認してください

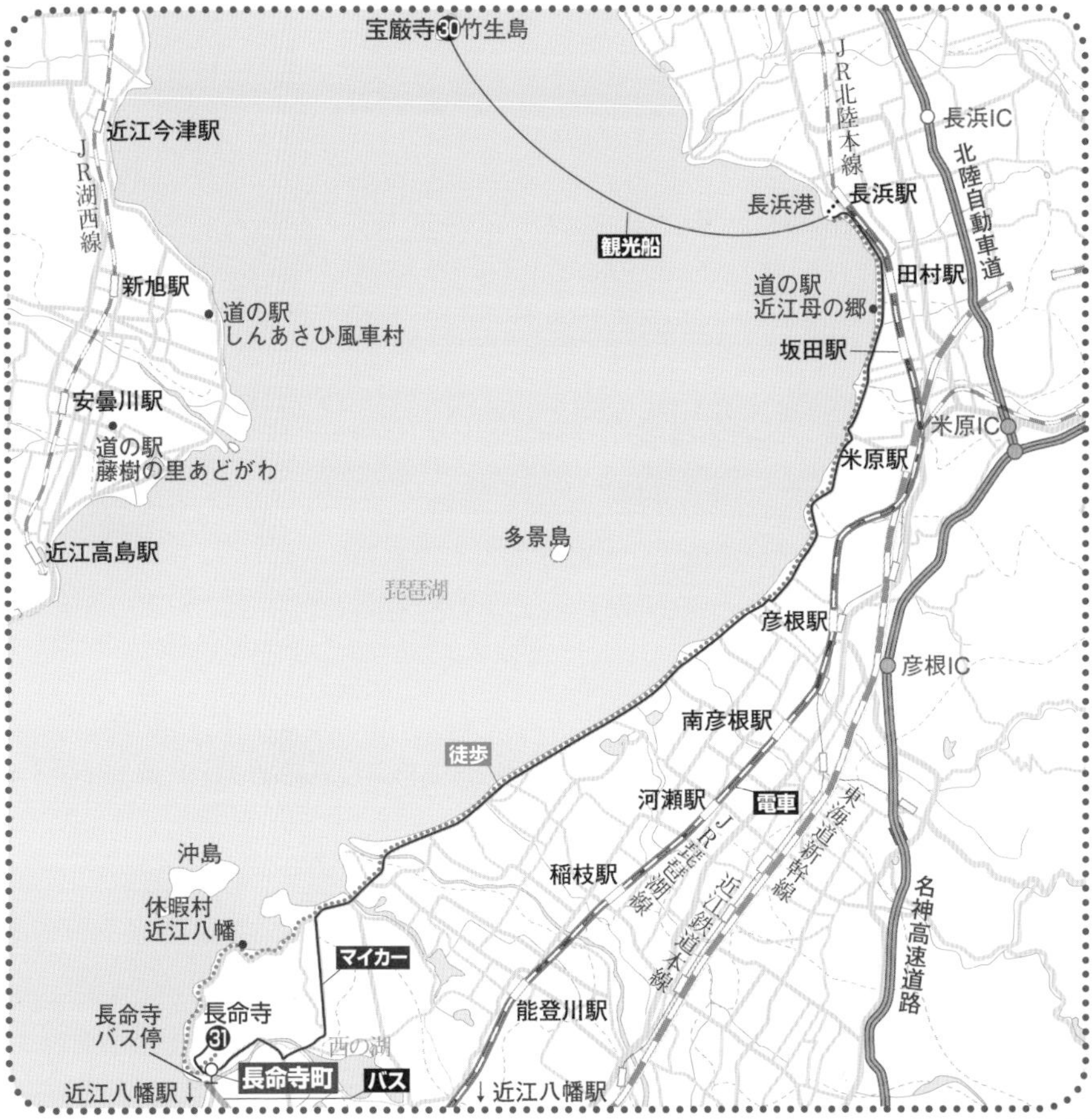

宝厳寺30竹生島
JR北陸本線
長浜IC
北陸自動車道
近江今津駅
JR湖西線
長浜港
長浜駅
観光船
新旭駅
道の駅
しんあさひ風車村
田村駅
道の駅
近江母の郷
坂田駅
安曇川駅
道の駅
藤樹の里あどがわ
米原IC
米原駅
多景島
近江高島駅
琵琶湖
彦根駅
彦根IC
南彦根駅
徒歩
河瀬駅
電車
東海道新幹線
JR琵琶湖線
沖島
稲枝駅
名神高速道路
休暇村
近江八幡
近江鉄道本線
マイカー
長命寺バス停
長命寺
31
西の湖
能登川駅
長命寺町
バス
近江八幡駅↓
↓近江八幡駅

買 道の駅　近江母の郷

琵琶湖畔にある道の駅。地元の新鮮な農作物やおみやげなども販売する。地元素材を使った郷土料理が楽しめるレストランも人気。くらしの工芸館には宿泊施設もある。

🏠米原市宇賀野1364-1　☎0749-52-5177
🕘9：00〜18：00（12〜2月は〜17：00）レストランは11：00〜14：00、火曜休（祝日の場合は営業）

第30番宝厳寺→第31番長命寺

徒歩
竹生島から観光船で長浜港へ渡り、琵琶湖を左手に見ながら湖岸道路と公園遊歩道を南へ歩く。長命寺バス停から参道の石段を上がる。約40km

電車・バス
竹生島から観光船で長浜港へ渡り徒歩約10分、JR長浜駅より北陸本線・琵琶湖線快速で約33分、近江八幡駅下車、近江鉄道バス長命寺行きで約25分、長命寺下車、徒歩約25分

マイカー
竹生島から観光船で長浜港へ渡り、県道2号経由で県道25号（湖岸道路）へ。長命寺町交差点を右折して長命寺山上駐車場へ。約38km、約80分

第31番札所

姨綺耶山《いきやさん》　長命寺《ちょうめいじ》

八千年や　柳に長き　命寺　運ぶ歩みの　かざしなるらん

◆宗　派　単立　　◆ご本尊　千手十一面聖観世音菩薩

重要文化財に指定されている本堂

住　　所	滋賀県近江八幡市長命寺町157
電話番号	0748-33-0031
拝観時間	8：00～16：30
納経時間	8：00～16：30
拝 観 料	なし
駐 車 場	50台（無料）
バリアフリー	車椅子用トイレあり

歴史を感じる門

アクセス●JR近江八幡駅より近江鉄道バス長命寺行きで約25分、長命寺下車、徒歩約25分

車／名神高速道路竜王ICより国道８号西横関交差点を右折、東川町交差点を左折し、県道26号経由で長命寺へ。山上駐車場から徒歩５分。竜王ICから約16km、約30分

歳時記

1月1～3日：修正会／1月17日：初観音／2月1日：開山会／8月1～2日：千日会

祈りの階段を上りつめ寿命長遠を祈願する

琵琶湖の東岸、長命寺山の中腹に建つ。その歴史は古く、3世紀後半から4世紀初頭の第12代景行《けいこう》天皇の時代に大臣武内宿彌が山に入り、柳の木に「寿命長遠諸願成就」と刻んで長寿を祈願。３００歳以上もの長寿を保ち、6代の天皇に仕えた。のちに聖徳太子が諸国歴訪の折に訪れて柳の文字をみつけ、その木で千手十一面聖観音三尊一体の像を刻み、伽藍を建立して安置。宿彌の長寿霊験にあやかり、長命寺と名づけたと伝えられる。

湖畔の長命寺バス停のある麓から本堂へは、８０８段もの長くて険しい石段が続く。健康長寿を願う石段として全段を上りきる人も多いが、駐車場からだと１００段ほどで上れる。

伽藍の連なる屋根が美しい

808段の石段が続く

本堂東側石段上の三重塔（重文）

鐘楼（重文）

三尊を祀る本堂

木々に包まれた境内には、本堂や三仏堂、護摩堂、三重塔、鐘楼など、重要文化財指定の伽藍が建ち並ぶ。ほとんどの伽藍が戦国時代に焼失してしまったため、本堂は大永4年（１５２４）の再建。入母屋造りで檜皮葺きの本堂中央厨子に三尊、千手観音像・十一面観音像・聖観音像の本尊が祀られている。本堂東には、慶長2年（１５９７）に再建された三重塔が建ち、大日如来を安置する。本堂西には、薬師如来・阿弥陀如来・釈迦如来の三尊を安置する三仏堂があり、護法権現社拝殿と渡り廊下でつながる。護法権現社拝殿奥の本殿には、開山の武内宿彌が祀られている。さらに西側の高台には鐘楼があり、そこから東側を見ると、堂塔の屋根が連なる様子が美しい。

宿彌が長寿を祈願したという六所権現影向石や宿彌の御神体とされる修多羅岩などの巨岩も多い。

よりみち 門前そば処 長命庵

毎朝そばの実を石臼で挽き、香り高い手打ちそばが味わえる。旬の野菜が薬味の「長命そば」が人気。隣接する食産耕房では、無農薬野菜や自家製長命寺味噌、ジェラートなどを販売。

近江八幡市長命寺町47　0748-36-3226
11：00～15：00（土日・祝日は～17：00、LO各30分前、物販は10：00～）※そばがなくなり次第閉店、営業時間・定休日は要確認

三仏堂（重文）

6月頃にはアジサイが美しい

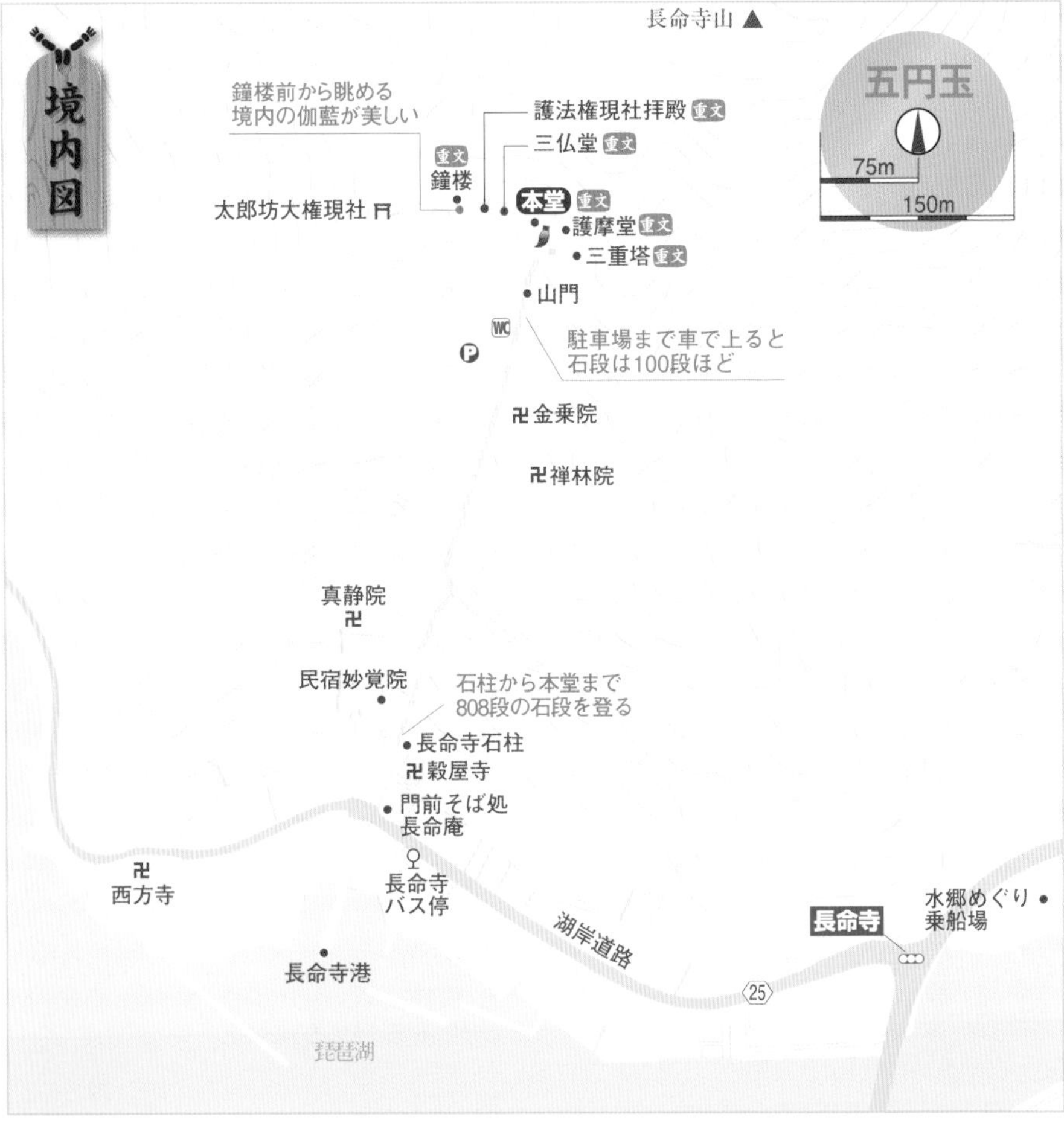

境内図
長命寺山
五円玉
75m
150m
鐘楼前から眺める
境内の伽藍が美しい
護法権現社拝殿 重文
三仏堂 重文
重文
鐘楼
太郎坊大権現社
本堂 重文
護摩堂 重文
三重塔 重文
山門
駐車場まで車で上ると
石段は100段ほど
金乗院
禅林院
真静院
民宿妙覚院
石柱から本堂まで
808段の石段を登る
長命寺石柱
穀屋寺
門前そば処
長命庵
西方寺
長命寺
バス停
湖岸道路
長命寺
水郷めぐり
乗船場
25
長命寺港
琵琶湖

第31番長命寺→第32番観音正寺

徒歩 長命寺から参道を下り、湖岸道路・びわ湖よし笛ロードを経て、安土城考古博物館方面へ。桑実寺の境内を抜けて観音正寺をめざす。約15km

電車・バス 長命寺から参道を下り、長命寺バス停から近江鉄道バスで約25分、JR近江八幡駅から東海道本線で3分、JR安土駅からタクシーで10分、観音正寺の参道を上る

マイカー 長命寺から湖岸道路を東へ走り、落合橋を渡って県道26号を南下、友定町交差点を左折して国道8号へ。五個荘南交差点を左折し、林道を通って観音正寺へ（裏参道ルート）。約18km、約50分

買 JAグリーン近江　きてか〜な

地元のとれたて野菜をはじめ、近江八幡の丁稚羊羹や赤コンニャクなど、特産品がそろう。ふなずしや鮎料理、湖魚の佃煮などもあり、おみやげの買い物にもおすすめ。

近江八幡市多賀町872　☎0748-32-0111
9:00〜18:00（変更の場合あり）、水曜休（祝日の場合は営業）

見 水郷めぐり

日本で最初に「重要文化的景観」に選定された近江八幡の水郷。屋形船に乗って、水郷地帯の景色を楽しみながら進む。現在4社が1日2〜3便を運航し、1人2200円程度で乗船可能。所要時間1時間〜1時間30分。

☎0748-33-6061（近江八幡駅北口観光案内所）

第32番
札所

繖山《きぬがささん》　観音正寺《かんのんしょうじ》

あなとうと　導きたまえ観音寺　遠き国より　運ぶ歩みを

◆宗　派　単立寺院　　◆ご本尊　千手千眼観世音菩薩

平成5年に焼失し、平成16年に再建された本堂

住　　所	滋賀県近江八幡市安土町石寺2
電話番号	0748-46-2549
拝観時間	8：00～17：00（林道通行時間　8：30～16：30） ※表参道からのルート（安土林道）は冬期閉鎖あり
納経時間	8：00～17:：00
入山料	500円（内陣参拝料は別途300円）
駐車場	25台（無料）　※林道（市管理道路）通行料600円
URL	http://www.kannon.or.jp/
バリアフリー	五個荘側から上る裏参道からの参詣がおすすめ。 車椅子用トイレはないが清潔

アクセス●JR琵琶湖線能登川駅より近江バス神崎線観音寺口バス停下車、徒歩約40分。またはタクシーで裏参道山上駐車場へ。駐車場より約8分

車／名神竜王ICより国道477号を北へ約4.2km、西横関交差点を右折して国道8号を約7.4km、五個荘南交差点を左折、塚本交差点を右折すると約0.5kmで登山口。林道を約2kmで山上駐車場。徒歩約8分（裏参道ルート）

歳時記

3月28日：繖峯修験道山開回峯行／5月22日：三法灯伝承法要／8月18日:千日会大法要／12月13日:御本尊御拭法要／毎月28日:不動護摩供

蒲生野を一望できる聖徳太子創建の古刹

聖徳太子が推古天皇13年（６０５）に創建した近江国12カ所の祈願寺のひとつ。近江国を遍歴していた聖徳太子が、琵琶湖から現れた人魚に懇願され、太子自ら千手観音像を刻み、山上に堂塔を建立したのが寺の起こりと伝えられる。琵琶湖の東、標高４３３メートルの繖山の山上に建つ。応仁・文明の乱の際、近江国守護職佐々木六角氏が繖山に観音寺城を築いたため、寺は兵乱にまきこまれ山麓に移されるなど、苦難の歴史をたどった。その後、現在地の山上に戻ったが、平成５年の火災により本堂を焼失。現在は再建され、新たに像高6.3メートルの白檀で彫られた千手観音菩薩像が本尊として祀られている。

境内への参詣道は、近江八幡市安土町石寺から１２００段の石段を上る表参道と、東近江市五個荘町から上る裏参道があり、いずれも徒歩で約1時間の急な坂道。かつては西国巡礼屈指の難所といわれていたが、現在は、表参道側有料林道の山上駐車場から石段を４４０段上れば境内にたどりつくことができる。裏参道側の駐車場からなら、石段もなく、なだらかな道を約8分歩くのみ。境内には濡仏や聖徳太子像などがあり、古来から万事吉祥の縁結びに霊験があるとされる、縁結び地蔵尊も本堂横の石積み前に祀られている。境内からは、万葉集にも詠まれた美しい蒲生野の風景を一望できる。

西国の難所といわれる表参道の石段

境内入口に立つ仁王像

胎内に写経を納めた釈迦如来坐像（濡仏）

本堂横の石積みには、観音像などが祀られている

境内からの蒲生野の眺望

道の駅
夢さんさん谷汲
華厳寺
33
バス
谷汲山
バス停
谷汲口駅
道の駅
織部の里
もとす
道の駅
富有柿の里
いとぬき
樽見鉄道
揖斐駅
大野
神戸IC
電車
養老鉄道
徒歩
関ヶ原駅
赤坂大橋西
大垣西
IC
大垣駅
関ヶ原IC
東海環状
自動車道
岐阜羽島駅
養老
SA
養老
JCT
大垣IC
岐阜羽島IC
道の駅
クレール平田
養老山
道の駅
月見の里南濃

裏参道側駐車場からの参道

本堂

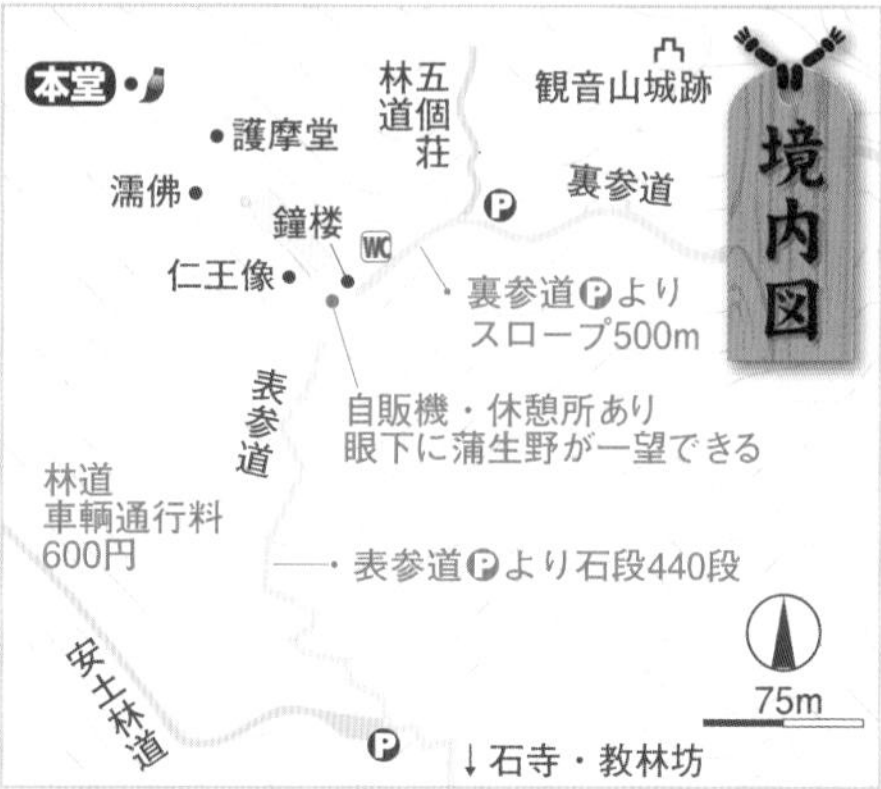
境内図
本堂
護摩堂
五個荘林道
観音山城跡
濡佛
鐘楼
WC
裏参道
仁王像
裏参道Pより
スロープ500m
表参道
自販機・休憩所あり
眼下に蒲生野が一望できる
林道
車輌通行料
600円
表参道Pより石段440段
安土林道
75m
P
↓石寺・教林坊

よりみち 教林坊

観音正寺の元塔頭のひとつで、唯一麓に残る、聖徳太子によって創建された寺。太子作の石仏の本尊を祀る霊窟が残され、「石の寺」として知られる。庭園は小堀遠州作の名勝。

近江八幡市安土町石寺1145　☎0748-46-5400
4・5・6・10月は土日・祝日のみの拝観（紅葉の公開は11月15日〜12月5日）、9：30〜16：30
¥大人600円（紅葉の公開700円）

第32番観音正寺→第33番華厳寺

徒歩 観音正寺から表参道を下り国道８号を左折、国道8・21号と旧中山道を歩き関ヶ原へ。関ヶ原から揖斐方面へ進み、華厳寺へ。約75km

電車・バス 裏参道を下り観音寺バス停まで徒歩約50分、近江鉄道バス15分で能登川駅、JR東海道本線新快速で約45分、大垣駅より樽見鉄道37分で谷汲口駅、名阪近鉄バス約８分で谷汲山下車、徒歩約15分

マイカー 林道を下り八日市ICから名神高速道路に入り約46km、関ヶ原IC下車、関ヶ原市街を抜け県道53号で府中小学校南を左折、揖斐方面へ。国道417号、県道251号を北上する。約93km、約120分

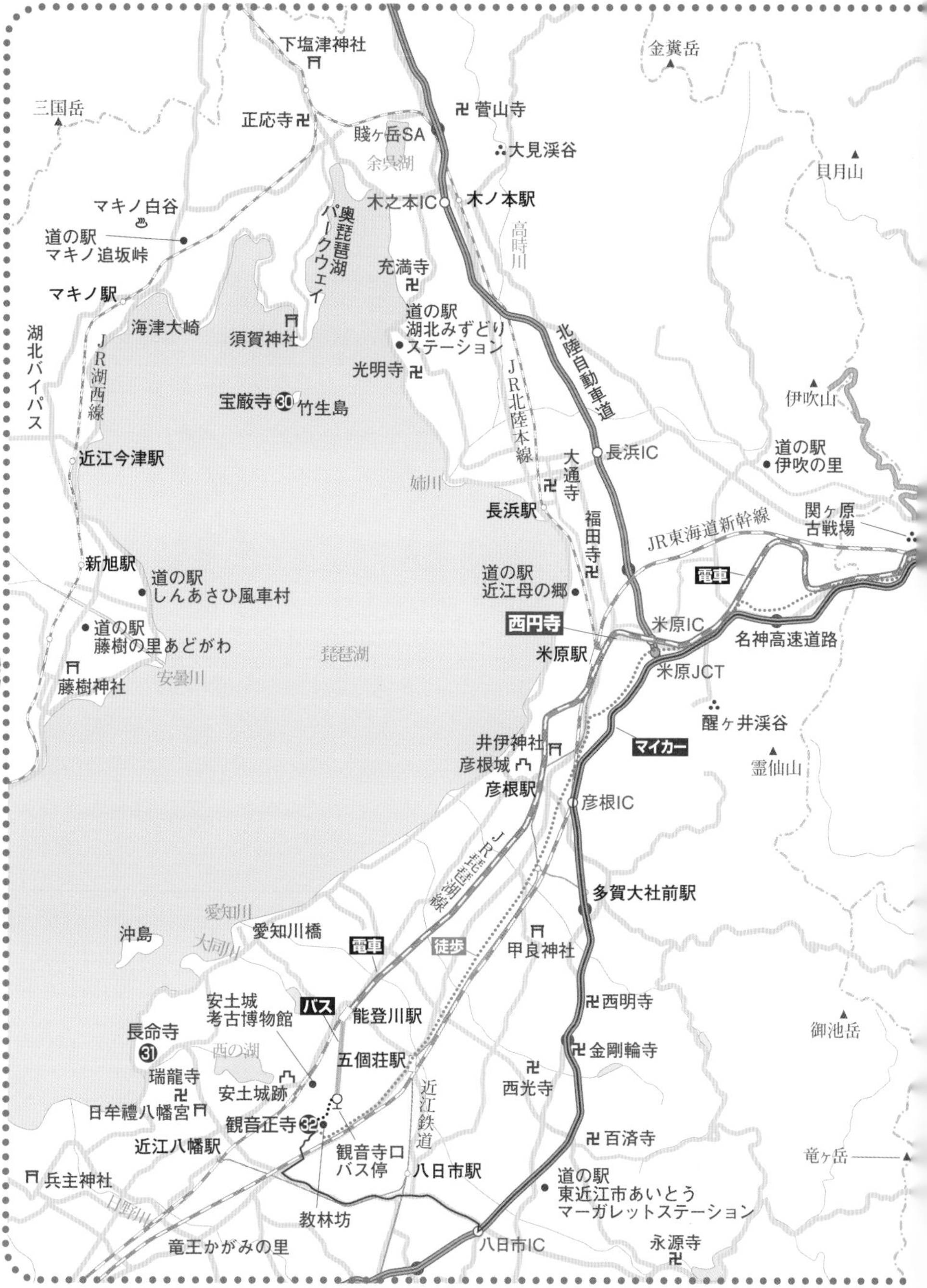
下塩津神社
金糞岳
三国岳
正応寺
菅山寺
賤ヶ岳SA
大見渓谷
余呉湖
貝月山
木之本IC
木ノ本駅
マキノ白谷
道の駅
マキノ追坂峠
奥琵琶湖パークウェイ
高時川
充満寺
マキノ駅
道の駅
湖北みずどり
ステーション
北陸自動車道
海津大崎
須賀神社
湖北バイパス
JR湖西線
光明寺
JR北陸本線
伊吹山
宝厳寺
30
竹生島
長浜IC
道の駅
伊吹の里
近江今津駅
大通寺
姉川
長浜駅
福田寺
関ヶ原
古戦場
JR東海道新幹線
新旭駅
道の駅
しんあさひ風車村
道の駅
近江母の郷
電車
道の駅
藤樹の里あどがわ
西円寺
米原IC
名神高速道路
琵琶湖
米原駅
藤樹神社
安曇川
米原JCT
醒ヶ井渓谷
井伊神社
マイカー
彦根城
霊仙山
彦根駅
彦根IC
JR琵琶湖線
多賀大社前駅
愛知川
沖島
大同川
愛知川橋
電車
徒歩
甲良神社
安土城
考古博物館
バス
能登川駅
西明寺
長命寺
31
西の湖
五個荘駅
金剛輪寺
御池岳
瑞龍寺
西光寺
安土城跡
近江鉄道
日牟禮八幡宮
観音正寺
32
近江八幡駅
観音寺口
バス停
百済寺
竜ヶ岳
兵主神社
八日市駅
道の駅
東近江市あいとう
マーガレットステーション
日野川
教林坊
八日市IC
竜王かがみの里
永源寺

第33番 札所

谷汲山《たにぐみさん》　華厳寺《けごんじ》

万世の　願いをここに　納めおく　水は苔より　出る谷汲（過去）

世を照らす　仏のしるし　ありければ　まだともしびも　消えぬなりけり（現在）

今までは　親と頼みし　笈摺を　脱ぎて納むる　美濃の谷汲（未来）

◆宗　派　天台宗　　**◆ご本尊**　十一面観世音菩薩

住　所	岐阜県揖斐郡揖斐川町谷汲徳積23
電話番号	0585-55-2033
拝観時間	8：00〜16：30
納経時間	8：00〜16：30
拝観料	なし
駐車場	700台（町営駐車場を利用・400円）
URL	http://kegonji.or.jp/
バリアフリー	境内には階段があり、車椅子での参拝は難しい。町営駐車場に車椅子用駐車場、車椅子用トイレあり。観光案内所で車椅子の貸出あり

アクセス●JR東海道本線大垣駅より樽見鉄道約40分で谷汲口駅下車、名阪近鉄バスまたは揖斐川町コミュニティバス谷汲山行きで約10分、谷汲山下車、徒歩約15分。JR大垣駅より養老鉄道約25分で揖斐駅下車、名阪近鉄バスまたは揖斐川町コミュニティバス谷汲山行きまたは横蔵行きで約25分、谷汲山下車徒歩約15分

車／東海環状自動車道大野神戸ICより県道53・266号を北へ。県道251号（巡礼花街道）をさらに北に進む。大野神戸ICから約13km

参拝をすませた巡礼者たちがなでる「精進落としの鯉」

歳時記

2月3日：節分厄除祈願会／4月上旬：桜まつり／8月17日：十七夜会式／11月中旬：もみじまつり

4月：サクラ／11月：紅葉

満願霊場の石碑が建つ仁王門は奥に仁王像を安置する

巡礼満願の喜びに包まれる
西国三十三所結願の寺

華厳寺は、「谷汲さん」の名でも親しまれる、西国三十三所巡礼の33番札納め、満願・結願の寺。巡礼者は、那智山から始まった長い巡礼の旅を締めくくる寺に参った喜びにあふれている。この寺が西国巡礼の最終札所になったのは、花山法皇が満願成就の寺と定めた寛和2年（986）からだと伝わる。

寺の創建は古く、延暦17年（798）にさかのぼる。大口大領《おおぐちたいりょう》が、京都の仏師に観音像を造らせたのが始まり。奥州会津の出身の大領は、常々十一面観世音の尊像を建立したいと強く願っており、奥州の文殊堂に参篭して、七日間の苦行の末、童子のお告げにより霊木を手に入れた。大領は都に上り、やっとの思いで尊像を完成させた。京都から観音像を故郷の奥州へ運んでいこうとすると、観音像が自ら歩き出した。途中、谷汲の地に辿り着いた時、観音像は歩みを止め、突然重くなって一歩も動かなくなったので、大領はこの地こそが結縁の地と堂宇を建てて尊像を安置した。その観音像が現

本堂は明治12年（1879）に再建。床下の戒壇巡りが参拝者に人気

在の本尊で、秘仏の十一面観世音菩薩だ。このとき、堂の近くの岩穴から油が湧き出し、以来燈明に用いられたという。のちにこれを知った醍醐天皇より、谷汲山という山号を、また本尊に華厳経が写されていたことから華厳寺という寺名を授かった。

総門から仁王門までにぎやかな門前町が続く。掛軸仏具やみやげ物店が軒を連ね、春には桜、秋は紅葉が彩る約８００メートルの参道だ。山門は運慶作の金剛力士像が立つ仁王門。門の前には「西国三十三番満願霊場」と書かれた石碑が立っている。参道の両側には１０８基の石灯籠と奉納のぼりが満願の寺らしい雰囲気を醸している。いくつもの堂を過ぎ、急な石段を上ると正面に本堂が見えてくる。本堂の2本の柱には、なでることで巡礼中の精進を落とすことができるという青銅製の「精進落としの鯉」が掛けられている。本堂左奥には、巡礼を終えた花山法皇が、笈摺《おいずる》や杖と併せて三首のご詠歌を奉納したという笈摺堂がある。それ以来、西国巡礼を終えた巡礼者がここに巡礼用具や千羽鶴を奉納するのが習わしとなっている。笈摺堂と子安堂の前の回廊を抜け、石段を上ると満願堂が建つ。満願と書かれた石像物が並び、満願の喜びが増す。満願の参拝を済ませたら、花山法皇が詠んだ三首のご詠歌にちなんで3つのご朱印を受けよう。

木々の緑とのぼりの白のコントラストが美しい参道

回廊でつながる笈摺堂と子安堂

みやげや、旅館、食事処などが軒を連ねる門前町

たぬきの石像に囲まれた満願堂

「貼り仏」の苔ノ水地蔵

暗闇の中を歩き本尊につながる錠前にふれる「戒壇巡り」

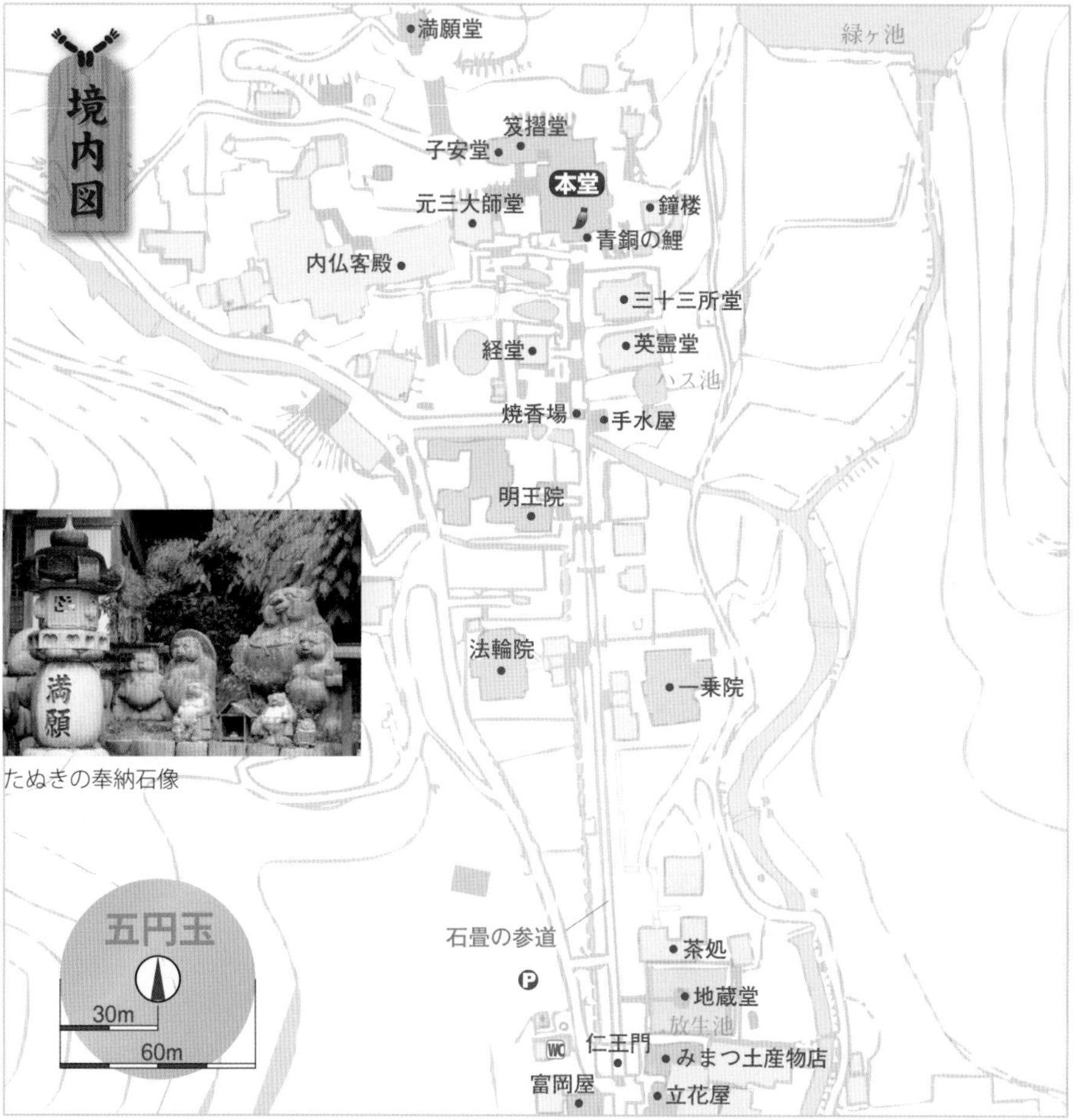
境内図
満願堂
緑ヶ池
笈摺堂
子安堂
本堂
元三大師堂
鐘楼
青銅の鯉
内仏客殿
三十三所堂
経堂
英霊堂
ハス池
焼香場
手水屋
明王院
法輪院
一乗院
石畳の参道
茶処
地蔵堂
放生池
仁王門
みまつ土産物店
富岡屋
立花屋
五円玉
30m
60m
満
願
たぬきの奉納石像

よりみち

谷汲あられの里

澄んだ空気のもと、良質な地下水と国内産水稲もち米で作った各種のあられを販売する。隣接の達磨茶屋では、ぜんざい540円などの甘味も用意している。

揖斐郡揖斐川町谷汲名礼 459-288
0585-56-0223
9：00 ～ 17：00、無休

富岡屋

華厳寺仁王門前にある食事処。地元特産の肉厚のシイタケ、ニジマスの甘露煮、山菜がのった「満願そば」800円が名物。そのほか、田楽やうな丼なども味わえる。

揖斐郡揖斐川町谷汲徳積 314
0585-55-2620
10：00 ～ 17：00、不定休

索　引

な

は

ま

やらわ

索引

あ

か

さ

た

西国三十三所札所めぐり 観音巡礼ルートガイド 改訂版

2021年10月15日　第1版・第1刷発行
2024年10月10日　第1版・第4刷発行

著　者　関西札所めぐりの会（かんさいふだしょめぐりのかい）
発行者　株式会社メイツユニバーサルコンテンツ
　　　　代表者　大羽 孝志
　　　　〒102-0093 東京都千代田区平河町一丁目1-8
印　刷　三松堂株式会社

◎『メイツ出版』は当社の商標です。

●定価はカバーに表示してあります。

ご意見・ご感想はホームページから承っております
ウェブサイトhttps://www.mates-publishing.co.jp/

企画担当:折居かおる／清岡香奈

※本書は2016年発行の『西国三十三所札所めぐり　観音巡礼ルートガイド』を元に情報更新を行い、改訂版として新たに発行したものです 。